GABRIEL METZLER

UM NOVO OLHAR
para a vida

AMPLIE SUAS EXPECTATIVAS.
VOCÊ IRÁ MUITO ALÉM DO QUE PENSA SER POSSÍVEL!

Literare Books
INTERNATIONAL
BRASIL · EUROPA · USA · JAPÃO

Prefácio
José Luiz Tejon

Copyright© 2018 by Literare Books International.
Todos os direitos desta edição são reservados à Literare Books International.

Presidente:
Mauricio Sita

Capa:
Estúdio Mulata

Diagramação:
Lucas Chagas

Revisão:
Bárbara Cabral Parente

Revisão artística:
Edilson Menezes

Gerente de Projetos:
Gleide Santos

Diretora de Operações:
Alessandra Ksenhuck

Diretora Executiva:
Julyana Rosa

Relacionamento com o cliente:
Claudia Pires

Impressão:
Rotermund

Dados Internacionais de Catalogação na Publicação (CIP)
(Câmara Brasileira do Livro, SP, Brasil)

```
Metzler, Gabriel
    Um novo olhar para a vida / Gabriel Metzler. --
São Paulo : Literare Books International, 2018. --

    ISBN 978-85-9455-050-7

    1. Autoajuda 2. Desenvolvimento pessoal
3. Desenvolvimento profissional 4. Força de vontade
5. Sucesso 6. Superação - Histórias de vida
I. Título.

18-12588                                  CDD-650.1
```

Índices para catálogo sistemático:

1. Superação : Desenvolvimento pessoal e
   profissional : Administração   650.1

Literare Books
Rua Antônio Augusto Covello, 472 – Vila Mariana – São Paulo, SP.
CEP 01550-060
Fone/fax: (0**11) 2659-0968
site: www.literarebooks.com.br
e-mail: contato@literarebooks.com.br

Agradecimentos

A palavra brevidade serve para ilustrar que assim farei, aqui, os agradecimentos. A palavra eternidade serve para mostrar até onde vai o que sinto e quanto agradeço...

Dou início com as duas pessoas que estão ao meu lado desde o momento da minha concepção. Pai e Mãe, as melhores palavras para resumir o que sinto por vocês são amor e gratidão. Muito obrigado por serem essas pessoas maravilhosas e me apoiarem sempre. Este livro é fruto dos ensinamentos que recebi de vocês, que estiveram ao meu lado nos melhores momentos e também nos mais difíceis.

Menciono e incluo também nesse conjunto de gratidão outras pessoas valorosas. Minha irmã Marília, tia Kiti (minha segunda mãe), vô e vó, tio Lucas. Agradeço por serem pessoas maravilhosas e estarem presentes em minha vida. Amo vocês!

Além da família, os amigos são fundamentais na minha caminhada. Alguns de longa data, que conheci na pré-escola, outros que conheci na escola, universidade, cursos de pós-graduação, trabalho, etc. Cada um de vocês é muito importante e agradeço por estarem ao meu lado e me apoiarem. O que fizeram por mim após o acidente e durante a recuperação, ficará para sempre na memória. Se a obra foi publicada, tenham a certeza de que também é graças a vocês. O que fizeram e ainda fazem por mim, de alguma forma, está nessas páginas.

Desde criança, por ter em minha vida uma pessoa muito próxima e especial que é médica, tenho excelente relação com os profissionais da área da saúde. Essa relação foi estreitada devido ao acidente. Muitos profissionais me atenderam e foram importantíssimos em minha recuperação. Gostaria muito, mas precisaria de outro livro para listar o nome de todos esses maravilhosos profissionais. Por isso, em nome do Dr. Carlos Augusto Moreira Júnior, meu oftalmologista e amigo, agradeço a todos vocês que sempre me trataram muito bem.

Estudar é preciso para que nós alcancemos uma evolução, tanto na vida pessoal quanto profissional, e agradeço muito a todos os colegas, professores e mestres que me ensinaram e compartilharam seu conhecimento.

Em minha vida profissional, tive a oportunidade de passar por ótimas empresas e a chance de encontrar pessoas muito competentes e dispostas a ensinar. Agradeço ao meu primeiro chefe e mentor, Robert Coas, e o escolho para representar a gratidão que sinto por todos que participaram da minha carreira. Muito do que aprendi com vocês foi fundamental para a construção dessa obra.

Atualmente, trabalhando com palestras e treinamentos corporativos, aprendi muito e conheci pessoas maravilhosas, que tanto me ensinaram. Agradeço a todos vocês, mentores, colegas, amigos e parceiros que acreditaram em mim e me levaram para inspirar pessoas em suas organizações.

E quem fez minha existência ter um sentido diferente, que me inspira muito a ter um novo olhar para a vida, é o Gustavo. Filho, amigo, companheiro. A obra é dedicada a você e tudo que está escrito aqui reflete ensinamentos e experiências que passei. Aprendi muito com tudo isso e, além de te ensinar pessoalmente, deixo aqui, para a posteridade. Espero que possa usar esses conhecimentos para o seu bem e o bem do próximo. Amor incondicional é o que eu sinto por você. Muito obrigado por ser uma pessoa tão especial!

Prefácio

Gabriel Metzler, ao escrever esta obra, a qual tenho a honra de prefaciar, gera mais uma pérola de sabedoria para todos que a lerem. São 36 olhares para a vida, 36 ensinamentos originados de aprendizados concretos, reais e vividos.

Desde o primeiro olhar, "a comunicação", até o último, "o passado com um novo olhar", cada um deles nos abre portais para tantos outros. Este livro nos inspira ao sagrado da experiência humana: aprender e saber viver, fazer de sua vida, sob quaisquer circunstâncias, uma obra de arte, criando valor. E valor será a perfeição com a qual um ser humano trata a própria vida, da mesma forma com a qual um artista executa seu quadro, sua música, sua arte.

Somos a arte maior de nós mesmos. Sabemos de nossa imperfeição, não há ser humano perfeito. Porém, as nossas obras, essas sim, podem e devem partir em busca da luz que atrai a perfeição iluminada.

Gabriel Metzler nos contempla com essas poderosas janelas de visões, acima e além dos sentidos. A alma enxerga, escuta, sente, pensa e dialoga conosco, também nos eleva a um patamar de comunicação superior das dimensões física, química e material do planeta. E quem quiser entrar em contato e auscultar a legítima comunicação, terá nos 36 olhares lupas, telescópios e microscópios poderosos, úteis para tudo na vida.

Esta obra, da mesma forma, testemunha que os grandes incômodos podem nos fazer subir ao mais alto dos céus, desde que os enfrentemos, e, se os redefinirmos, como um passado com um novo olhar, acertaremos no *design* de nosso destino. Afinal, ao criarmos um caráter, criamos o destino.

Os grandes incômodos significam as alavancas de construção da nossa evolução. Não conseguiremos sozinhos. Precisamos ter a humildade dessa informação. Precisamos criar aliados, amigos, buscar o estado da arte da ciência, do conhecimento, da educação. Quando crianças, dependemos dos nossos sagrados mentores, pais, guias. Quando adultos, já podemos ter a inteligência do livre arbítrio e assumir a responsabilidade por nossas escolhas.

Seremos sempre a qualidade humana de nossas relações. Li e me encantei com a transparência do Gabriel, abrindo a própria vida, para experienciarmos a nossa, e nos mirarmos nos espelhos de 36 olhares.

Tenham uma ótima leitura, e a façam acima dos sentidos. O incômodo vivido por Gabriel, e por todos que o amam, nos inunda de conforto, paz e serenidade para a vida na Terra.

Sempre precisaremos lutar. Somos todos guerreiros e não nascemos prontos. Um poderoso incômodo nos chacoalha, nos arrebata. E quando alguém o supera, voa. E ao voar, nos faz ver a possibilidade de sermos capazes e felizes, e que a vida – e a luta honrada pela vida – vale a pena ser lutada e vivida.

Parabéns, Gabriel Metzler!
José Luiz Tejon Megido

Autor e coautor de 33 livros, coordenador acadêmico Master of Science ESPM & Audencia Nantes, França. Mestre em arte e cultura pela Universidade Mackenzie. Doutor em ciências da educação pela Universidad de La Empresa, Uruguai. Conferencista internacional, é considerado uma das maiores autoridades nas áreas gestão de vendas, marketing em agronegócio, liderança, motivação e superação humana. Troféu Great Speakers Olmix em Paris, França. Desde 2015, passou a integrar o Hall da Fama pela ABRAMARK e, em 2016, recebeu o Prêmio Destaque Imprensa pela AEASP.

Sumário

olhar 1

Comunicação   11

olhar 2

Colheita   19

olhar 3

Quem é você?   25

olhar 4

Alguém no planeta ainda crê em coincidência?   29

olhar 5

Identifique a sua janela   33

olhar 6

Qual é o momento certo para virar a chave na carreira?   39

olhar 7

Como ter a certeza de que escolheu a profissão certa   43

olhar 8

Pedir ajuda na empresa é um desafio para quem enxerga   47

olhar 9

Toda empresa tem colaboradores que acordam cegos   53

olhar 10

Sua empresa tem colaboradores de bengala?   57

olhar 11

Parar no tempo é estar cego para o futuro — 61

olhar 12

Quem não enxerga a eficiência, bate a canela na concorrência — 65

olhar 13

Quem já acabou, pouco tem a enxergar — 69

olhar 14

A diferença entre aceitar e aprovar — 75

olhar 15

Um novo olhar para os filhos — 81

olhar 16

Autoestima é mera expressão de palestras e divãs? — 85

olhar 17

Confiar não é opcional — 89

olhar 18

O ser humano é menos frágil do que se imagina — 95

olhar 19

Não existe ser humano mais cego do que o destreinado — 99

olhar 20

Engajamento é dever da empresa e do colaborador — 103

olhar 21

Os problemas do setor vizinho — 107

olhar 22

A pior decisão é nenhuma — 111

olhar 23

Sucessão é coisa séria e exige visão — 115

olhar 24

A derrocada da empresa e de seus chefes — 119

olhar 25

Superação é clichê? — 123

olhar 26

O que é azar? — 129

olhar 27

Quem pratica capacitismo é incapaz de enxergar — 135

olhar 28

Os amigos das redes sociais — 139

olhar 29

Como acessar os caminhos simples — 145

olhar 30

A data de validade da expectativa — 151

olhar 31
Como identificar a diferença entre elogio e bajulação — 157

olhar 32
O medo de fracassar não existe — 161

olhar 33
A arrogância pode cegar alguém — 165

olhar 34
A solução atitudinal — 171

olhar 35
Um novo olhar para o passado — 175

olhar 36
O passado com um novo olhar — 181

 1

Comunicação

Comunicar-se com excelência já foi uma habilidade opcional e desejável. Hoje, é uma obrigação invisível aos que desejam sucesso. Amanhã, talvez, seja a garantia da sobrevivência.

Sim, você deve ter reparado que em vez de capítulos, escolhi trabalhar com variados olhares, para ampliar os objetivos da obra. Faz total sentido explicar o "olhar" como tema central da obra: eu sou deficiente visual. Antes que decida lamentar ou apiedar-se, peço permissão para esclarecer.

A cegueira não me define e não passa de uma incômoda característica com a qual convivo. Ao longo da obra, vou explicar melhor a questão "que define" quem sou e vou propor uma análise acerca de "quem somos" como seres humanos. Para provar que tenho muito a oferecer a você que comprou ou ganhou o livro, somente no último capítulo vou revelar detalhes do acidente que me tirou a visão. Antes disso, entregarei a você o que realmente importa: um conteúdo preparado com imensa e intensa dedicação.

É legítimo dizer que a vida é dividida por capítulos, mas é igualmente razoável afirmar que a existência é multiplicada pelo olhar que nos dispomos a direcionar às diversas áreas e circunstâncias.

Não foi coincidência ter escolhido a comunicação como elemento inicial para facilitar os demais olhares que serão elencados. A arte da comunicação é a referência do sucesso e, sua ausência, a aproximação do insucesso. A diferença entre ambos não reside somente na habilidade de falar, argumentar ou persuadir, mas na de escutar.

Saber ouvir é um dos maiores desafios da humanidade. Muitos deixam de causar boa impressão porque não ouvem com a atenção e o respeito que os interlocutores merecem. E a explicação é simples: a ansiedade pelo que se pretende dizer logo em seguida é tão grande que sequer é possível escutar o interlocutor.

Não pense, caro leitor, que estou argumentando "do alto da perfeição". Não sou uma exceção superdotada da capacidade de ouvir e, como todo ser humano, também me policio. Aliás, uma analogia pode colaborar...

A comunicação é como a nossa saúde; ora vai bem, ora requer algum medicamento e, por isso, o exercício contínuo é o único remédio que realmente funciona para curar a dificuldade de ouvir os semelhantes.

Há alguns anos eu agia assim. Estava sempre pensando naquilo que responderia depois que a pessoa parasse de falar e, às vezes, até "cortava" a pessoa para ter a chance de falar primeiro. Talvez em casa, no trabalho ou até na roda de amigos, você conheça alguém com essa característica e, se é o caso, com certeza não gosta quando quer falar algo e simplesmente é impedido.

Tem gente que impõe ou sugere alguma diferença entre saber ouvir e saber escutar. Nesta obra, para facilitar a compreensão e evitar discussões semânticas, vamos considerar que não existe diferença. Saber ouvir é propor-se verdadeiramente a aceitar o que é dito, ainda que sejamos contrários, num primeiro momento, ao que se defende do lado de lá. Ademais, escutar vai além do mero sentido e podemos pensar, no mínimo, em três estratégias para um bom ouvinte.

1) As **emoções** reforçam e facilitam a mensagem transmitida;
2) A **linguagem corporal** pode ser "ouvida" e abrevia o entendimento;
3) A **entonação** é a diferença entre fazer-se entender ou ser incompreendido.

Às vezes, nos propomos a ouvir alguém e o recado não parece estar clarificado. Por exemplo:

— Ela falou, falou e no fim, não disse nada!

Tenho certeza de que você já disse ou escutou alguém dizer algo assim. Resta saber se a pessoa de fato não teve êxito em sua fala ou se a nossa capacidade de escutar estava comprometida.

O autor Charles William Eliot (1834-1926) presidiu Harvard por quatro décadas e eternizou uma citação que resume e explica, de maneira cirúrgica, essa constatação:

> Não há mistério acerca do sucesso nos assuntos comerciais. Atenção exclusiva para a pessoa que estiver falando é muito importante. Nada é tão lisonjeador como isso.

O ser humano precisa e gosta de ser ouvido. Por isso, o interesse verdadeiro de ouvir atrai bons amigos, faz fluir os negócios e facilita a harmonia familiar. Essa é uma certificação que esconde garantias reais de êxito em variadas áreas da vida. E quem nutre qualquer dúvida disso, talvez devesse responder.

É agradável explicar algo para a pessoa que está conferindo mensagens no telefone celular?

Se a resposta é "não", como penso que deve ser, estamos juntos na mesma jornada de investigar e aprimorar a arte da comunicação.

Depois de ouvir verdadeiramente, a pernada seguinte prevê alto grau de dificuldade: escutar sem julgar. Vou listar dois exemplos cotidianos.

1) A esposa quer mais carinho e atenção do que tem recebido. Ao reclamar, é ouvida pelo marido e rotulada como carente ou dependente. Mas, quando é a vez desse marido desejar mais carinho e atenção, caso sinta que não foi ouvido, a esposa será considerada insensível;

2) O mais atento colega de João é considerado por este como chato e compulsivo. Porém, quando o próprio João decide tornar-se atento, o colega passa a ser visto como desatento e desorganizado.

No exemplo 1, é evidente que o esposo escuta as queixas da esposa com julgamento e no segundo, João escuta o próprio profissionalismo, mas é surdo diante das qualidades do amigo.

Carnegie, grande professor, ensina que o primeiro passo para se comunicar bem é ser um ouvinte atento. Ou seja, para ser alguém interessante, é preciso ser, antes, interessado.

Devemos instigar as pessoas a falarem delas e de seus assuntos prediletos, por uma simples razão: a pessoa com quem estamos interagindo está muito mais interessada nela, nos próprios problemas, vicissitudes e vontades, do que em nós e nossos respectivos problemas.

De posse dessa realidade, ser bom ouvinte é estratégico. Vale propor-se, desde agora, a abrir nova análise sobre o próprio processo de comunicação.

Os bons resultados virão como benefícios, frutos diretos do esforço para ouvir de coração aberto, com muito respeito e livre de julgamento prévio ou posterior.

O mês de abril é marcado pela colheita em diversas regiões brasileiras e, no próximo olhar, vamos investigar uma outra colheita que, embora diferente, é de máxima importância: os nossos frutos.

olhar 2

COLHEITA

Da semeadura até a colheita, o bom agricultor conhece todo o processo, mas não domina o elemento tempo e depende da chuva. A maioria dos profissionais só depende de si. Será que essa maioria conhece todo o seu potencial de semear e colher?

O aparato tecnológico serve como apoio para quem possui força de vontade e não é teoria. Confirmo, por experiência pessoal, que é possível seguir a vida em busca de cultura e evolução, sem freios, sem desculpas. Hoje, depois de muitas intervenções cirúrgicas, estou totalmente desprovido da visão, ou cego, por definição. Contudo, diria que me tornei cego por condição, e sigo visual, por opção.

Lastimar ou tentar chamar a atenção do público que me acompanha por conta da deficiência visual é algo que não faço, não fiz e não farei. Durante toda a construção da obra, quero oferecer soluções que agreguem valor à sua vida. Pretendo inspirar mudanças sem despertar piedade, pois nem eu tenho dó de mim ou de qualquer pessoa.

A vida cerrou os meus olhos e eu os abri para estudar em faculdades, dentro e fora do Brasil. A vida de fato me vendou, mas devoro no mínimo 40 livros por ano. E sempre me pergunto: por que as pessoas dotadas de visão, com livros disponíveis em condição de gratuidade, leem tão pouco, mesmo cientes da importância cultural e evolutiva?

Uso o leitor de tela e a acessibilidade do aparelho celular para alcançar a cultura, enquanto a maioria das pessoas só precisaria usar os próprios olhos. Mais uma vez, afirmo que não sou de lastimar, porém convido você a refletir. O Brasil está preparando o futuro para que os museus, teatros e cinemas ofereçam acesso cultural às pessoas com deficiência. Há uma legislação em curso para fundamentar tal acesso. Enquanto isso, aqui e acolá, registram-se cadeiras vazias em espetáculos protagonizados por grandes profissionais, pois o público que poderia "vê-los" não compareceu. Longe da lástima, desafio o leitor a se perguntar: não seria, no mínimo, o indicativo de que algo precisa ser reparado?

Há quem pense que basta oferecer livro em braile para contemplar o alcance dos cegos e, nesse caso, vale outra questão. Basta oferecer filme em inglês para quem sabe enxergar? É claro que não. E assim como nenhum cidadão brasileiro é obrigado, por lei, a dominar idiomas estrangeiros, o deficiente visual não é obrigado a dominar a escrita em braile.

Frequentei aulas de orientação e mobilidade, independência dentro da própria casa e informática. Todas essas aulas me ajudaram no processo de adaptação para viver num país em que a maioria consegue enxergar. No entanto, aprender braile não representaria questão de sobrevivência, assim como imagino que aprender inglês não seja um caso de vida ou morte para a maior parte das pessoas. Somente depois das aulas que tive para aprender a sobreviver, me inscrevi nas aulas de braile. Eis aí, portanto, "aonde" eu quero chegar.

Aquilo que se imagina crucial para a vida de um cego pode ser apenas mais uma informação. Ao mesmo tempo, o que aparenta ser imprescindível à vida de quem consegue enxergar, talvez não faça assim tanta diferença.

Desde o dia 13 de junho do ano de 1998, o contato com a escuridão passou a ser a minha realidade, pois ainda enxergava com alguma restrição. Dezessete anos depois, a total escuridão se apresentou. Num primeiro momento, entre aprender inglês ou braile, de olhos abertos para as oportunidades da carreira, optei pelo idioma. Dominar o inglês facilitou viagens internacionais em busca de conhecimento acadêmico, enquanto o braile seria "mais uma" informação que não faria grande diferença nos resultados.

Será que você, pensando nisso, poderia imaginar se "o que" a sociedade oferece a você como regra de sobrevivência não é apenas "mais uma" informação?

O físico Alfons Cornellá cunhou o termo "infoxicação", para justificar a diferença entre informação, sendo a primeira tóxica e a segunda, agregadora.

E diante de tão séria realidade, não seria a hora de utilizar uma estratégia personalizada para entender qual livro, curso, treinamento ou viagem cultural poderiam fazer total diferença em seu futuro?

Você não precisa aprender a dirigir porque "todo cidadão deve ter uma carteira de habilitação". Incontáveis pessoas não gostam do volante e preferem outros meios, enquanto muitas se tornaram habilitadas para seguir uma convenção. Para identificar essas que não gostam é muito fácil. Conhece alguém que tenha o costume de afirmar algo mais ou menos assim?

— *Eu detesto o volante e só dirijo porque não tem outro jeito!*

Tenho certeza de que existe algo em relação ao acúmulo de bagagem cultural que você pode escolher, em lugar de receber imposições sociais. O que seria?

Investigue a resposta e terá um novo olhar para a vida, cuja colheita tende a ser melhor quando se busca o que quer, em vez daquilo que se espera de mim, de você, do vizinho...

olhar 3

QUEM É VOCÊ?

E foi lá, diante do espelho, vestida com a sua roupa favorita, porém despida de verdades fabricadas, que ela descobriu, afinal, quem era, a que veio nesse mundo e qual propósito moveria sua existência. Quem ousaria duvidar que ela teve uma vida feliz e consciente? Mas não faça isso. Antes de perguntar "quem é ela", pergunte-se "quem é você" e consiga os mesmos resultados dela.

Até agosto de 2015, antes que tudo ficasse definitivamente escuro, eu conseguia enxergar um pouquinho, com a ajuda de dois óculos. Como todos sabem, o olho é formado por um corpo muscular, ativado com menor ou maior esforço conforme a distância para onde é direcionado e, por isso, eu usava óculos de leitura com 17 graus, e para olhar em distâncias maiores, outro com 11 graus. Em vez do foco automático que os olhos saudáveis são capazes de ajustar, no meu caso, precisava estabelecer a distância exata para enxergar melhor.

Naquele período, hoje e sempre, ao refletir sobre "quem sou eu", a resposta nunca vai passar por tais detalhes e quero chamar sua atenção nesse sentido. A condição da cegueira não resume quem sou. Representa limitação na mobilidade, na acessibilidade e numa série de questões, quase todas envolvendo logística. Vamos pensar no fictício Joaquim, para exemplificar a reflexão.

Suponhamos que Joaquim é um cliente, empresário, que responde pela contratação direta de 1.500 colaboradores e outros 350 indiretos. Então, eu perguntaria ao cliente:

— Joaquim, se você fechar os olhos e refletir por alguns segundos, poderia me dizer quem é você?

— Sou um empresário bem-sucedido que vive sob constante pressão. – Talvez respondesse o cliente, ao que eu insistiria:

— Vamos supor que você tirasse, Joaquim, por um breve instante, a roupagem de empresário. Nesse caso, quem seria você?

Eis o ensejo do terceiro olhar. Talvez Joaquim e muitos pelo Brasil só consigam enxergar aquilo que são por profissão, condição e circunstâncias vitimistas. Se eu pensar na cegueira para me definir como ser humano, serei cego "por dentro", o que é muito mais complicado. Se Joaquim pensar em si apenas como empresário pressionado, assim será por dentro. Caberá a ele, como cabe a mim e a você, responder quem somos por dentro e por fora. As pessoas que amamos e o mundo que nos rodeia carecem dessa percepção.

Como me disse, certa vez, um amigo, "problema todo mundo tem, exceto quem não conta". Eu estudei, trabalhei, viajei, me dediquei, investi tempo, energia e dinheiro para ser uma pessoa melhor. Vou mesmo jogar tudo isso no lixo e viver do vitimismo, dessa roupa metafórica concedida como credencial aos deficientes que querem vesti-la?

Joaquim, que ilustrou o nosso exemplo, com toda certeza lutou muito para construir uma empresa que emprega milhares de pessoas. Ele vai mesmo ignorar tamanha luta e permitir que o vitimismo da vida sob pressão acabe por colocá-lo num indesejado leito de hospital, caminho quase natural para quem enxerga o sofrimento como parte da própria identidade?

Acaso não é justo que eu e Joaquim venhamos a encontrar um caminho subjetivo, potente e transformador acerca da inquirição "quem sou eu", independentemente da cegueira que me acomete ou da pressão que sacrifica nosso *Joca*? (Repare que eu e o personagem já nos tornamos amigos íntimos).

E por fim, não é justo que você, leitor (a) descubra "quem é você", além da cegueira que insiste em manter-se como um véu de dúvidas, mesmo entre quem pode enxergar?

Desprovido da visão, não sou melhor, nem pior. Poderia fazer mais coisas se enxergasse? Sim, é um fato.

Permito-me o assento definitivo no sofá, a lamentar o que poderia ser feito ou encaro a vida com aquilo que tenho?

Eu fiz a minha escolha. Tenho certeza de que Joaquim e você são capazes de fazer a melhor escolha.

olhar 4

Alguém no planeta ainda crê em coincidência?

Encontrar a mesma borboleta duas vezes não é coincidência, pois o seu habitat não exige grandes necessidades e a sua expectativa de vida é de 12 meses. Logo, por que seria coincidência encontrar pessoas, clientes e empresas que passam por nossa vida?

Somente algum tempo depois eu conheceria esse episódio em detalhes, que vale ser narrado, pois a vida parece sempre encontrar uma solução para reparar as feridas e os danos ocasionalmente gerados pelo simples exercício de viver.

Por ocasião do acidente, recebi muito carinho de amigos ou estranhos completos, que emprestavam um pouco de sua fé e solidariedade. Entre tantas cirurgias que incluíram visão e ouvido, a família vivia dias de preocupação comigo e também com os aspectos financeiros.

Os honorários dos médicos e alguns procedimentos que precisei não eram cobertos pela assistência médica. Quanto à minha audição, o impacto maior da explosão fora recebido pelo tímpano, razão pela qual não fiquei surdo. Do contrário, se o nervo auditivo tivesse sofrido o baque maior do estampido, hoje eu nada escutaria.

Com tantas coisas a pensar e decidir, a família se questionava como faria para custear tudo. Foi quando um amigo de meu pai, empresário, esteve no hospital para me visitar. Depois da visita, do lado de fora, enquanto conversavam sobre outros assuntos, seu velho amigo pediu uma dica.

— Preciso contratar um engenheiro que tenha conhecimento na área de rodovias. Você tem algum amigo que possa indicar?

Meu pai não pensou duas vezes.

— Conheço sim. Eu posso fazer o trabalho. Inclusive, estou com uma licença para tirar e poderia dedicar tempo integral a esse projeto.

Combinaram uma entrevista em Curitiba, na sexta-feira seguinte. Meu pai foi aprovado para a vaga e três dias depois, na segunda-feira, voou para Florianópolis a fim de assumir o projeto. O emprego foi determinante no custeio das necessidades exigidas pelo delicado tratamento.

Exportando a experiência para a vida cotidiana, será que em muitos casos a solução para determinado dilema não está diante dos olhos, quem sabe confusa, mal interpretada, tida como "uma coincidência que não vai dar em nada"?

Algumas pessoas, sob o pretexto de que não podem arriscar, amargam o emprego que não lhes desperta mais o máximo do potencial. Por medo de sofrer, enfrentam um casamento sem amor. Por medo de mudar, vivem num lugar que não gostam.

Além da gratidão que tenho pelo esforço de meu pai nessa e em tantas outras ocasiões, ainda que ele não saiba, outra lição foi registrada.

A coincidência é como uma máquina parada. Enquanto olharmos para ela dessa maneira, nada será além disso. Assim que um novo olhar é direcionado, a máquina entra em movimento para girar a vida, única engrenagem que jamais deve ficar ociosa.

No meu caso, uma nova vida como palestrante se desenhou em minha frente. Percebi que, sem enxergar como a maioria enxerga, poderia ajudar as pessoas a contemplarem a vida com um novo olhar. Agarrei a oportunidade sem vacilar.

Pensemos: um novo emprego, a nova casa, o novo relacionamento, a chance de virar o jogo...

Se tudo isso está ao alcance do livre arbítrio, faz algum sentido acreditar em coincidência?

olhar 5

IDENTIFIQUE A SUA JANELA

A janela é um dos mais abrangentes aparatos que o ser humano criou. Já foi usada em poemas, metáforas, músicas e também para o óbvio: ventilar e mostrar a paisagem. Mas quantas janelas a vida terá aberto, onde antes existiam paredes sem vida, para colaborar com a nossa existência?

Imagine um nome inesquecível; Carlos Augusto Moreira Junior. Que a vida coloca pessoas especiais em nosso caminho é um fato e não coincidência, mas este superou qualquer expectativa. Antes de me formar em engenharia civil pela PUC, foi ele o oftalmologista, àquela altura também um amigo, que acompanhou a evolução do quadro e por sinal sempre me cobrava.

— Gabriel, e a faculdade? Quero te ver formado, hein?

Em outubro de 2006 ele me perguntou outra vez:

— Gabriel, faço questão de estar presente. Não tenho agenda para comparecer em todas, mas estarei na sua formatura.

Na sala de aula, éramos uma turma pequena e não tínhamos como meta fazer um evento de formatura. A princípio, a tradicional colação de grau oferecida pela faculdade parecia suficiente. Agora, um convidado especial desejava estar conosco. Decidi fazer parte da festa de formatura. Algum tempo depois, com o curso de engenharia pela PUC concluído, o convidei.

No dia do evento, minha primeira surpresa foi saber que ele comporia a mesa de autoridades. A segunda, tanto minha como da turma, foi a quebra do protocolo. Recebi o diploma das mãos desse médico, amigo e reitor. Detalhe a compartilhar é que o Dr. Moreira Junior não era reitor da PUC e sim de outra entidade. Em respeito ao protocolo, ele fez contato com a reitoria da PUC e participou da formatura. Como Reitor da UFPR, compôs a mesa e me entregou o diploma.

Além da presença que muito me felicitou, Dr. Moreira Junior repertoriou uma lição deveras importante, que serviu para mim e será útil para você. Ao comentar que gostaria de estar presente no ato da entrega do diploma, ele me motivou a fazer algo que estava indisposto a fazer: celebrar o feito com a amplitude que merecia.

Talvez por atuar como especialista em olhos, o médico tenha aprendido algo que eu não consegui enxergar e quem sabe algumas pessoas também não consigam: merecemos um novo olhar para a vida.

Caso tenha opção e condições financeiras, o ser humano não pode se contentar com a colação, em vez da formatura. A viagem dos sonhos, em lugar da viagem interestadual. A faculdade da ambição pessoal, em substituição à faculdade mais barata. E por fim, a vida que merece, em vez de uma vida qualquer.

Aprendi esta lição. Quando decidi morar sozinho em Curitiba, escolhi o bairro e a região que merecia. Para escrever a obra, contratei o consultor literário e a editora que eu queria. Ao escolher uma nova profissão que fosse distante da engenharia, optei pela comunicação e como palestrante, me encontrei.

Investir um esforço para se encontrar é mais saudável do que fazer parte de uma maioria que está perdida por aí, vitimada pelo efeito "qual", consequência de janelas fechadas a um novo olhar:

Qualquer emprego serve, desde que traga dinheiro para casa;

Qualquer faculdade basta, o que importa é o canudo;

Qualquer escola para o filho serve, dado que toda escola é igual;

Qualquer assistência médica ajuda, pois quase não ficamos doentes.

Tenho certeza de que existe um Dr. Moreira Junior em sua vida, seja na figura materna, paterna, irmã ou amiga. Essas pessoas são como a janela na parede do quarto: fechada, é uma janela que no máximo garante segurança. Aberta, é a chance de um novo olhar.

Encontrar essa janela, ter disposição e coragem para abri-la, a fim de ver as oportunidades que estão do lado de lá...

Não existe **receita** para o sucesso. Existem **caminhos**, e esse é um dos melhores.

A outra escolha prevê que se passe toda a vida a contemplar uma parede sem janela e essa, mesmo que tenha um belo quadro pendurado, nunca vai substituir o cenário original.

olhar 6

QUAL É O MOMENTO CERTO PARA VIRAR A CHAVE NA CARREIRA?

Nunca é a expressão preferida por quem não consegue mudar. O ano que vem, expressão de quem consegue, mas não quer e usa o tempo para disfarçar sua indisposição. O mês que vem, expressão do procrastinador que está pronto para a mudança e finge não estar. A segunda-feira, expressão de quem promete começar uma mudança radical, cujo preço não pretende pagar. Hoje é a expressão de quem se propõe e age, no mínimo, no caminho de um pequeno passo para a mudança.

Acho que momento certo não existe, a não ser para ilustrar frase de efeito. Existe, isso sim, o novo olhar para o lugar ideal, com um propósito nobre e a disposição de pagar o preço.

No ápice da carreira como engenheiro civil, tinha ótimo emprego e excelente cargo numa renomada empresa. Depois de perder a visão em totalidade, entendi que tantos anos dedicados à faculdade de engenharia não seriam perdidos, mas transportados para outra profissão.

Em 1999, a bateria de consultas, intervenções cirúrgicas e remédios deu uma leve pausa. Frequentava o segundo ano do ensino médio e surgiu a ideia de realizar um trabalho voluntário para conscientizar outros jovens a respeito dos riscos a que são expostos, ao acenderem bombas e fogos de artifício. Nasceu o *GAV, Grupo Alerta Vida*, baseado numa ideia simples: nós já passamos por todo o desconforto de um acidente envolvendo subprodutos de festas juninas. Outros não precisam passar.

Reunimos um grupo de amigos e realizamos um grande evento com a presença de várias autoridades no setor de explosivos. Contamos com a polícia militar, o exército, os bombeiros, além de médicos, juízes e até mesmo o representante de uma grande indústria do setor esteve presente.

Com a aceitação unânime do projeto, foi a primeira vez que subi ao palco para falar a um grande público. Mesmo nervoso, entendi que aquilo era o que eu desejava para o futuro. Foi o momento da virada de chave. Como tinha participado do ambiente corporativo, quando ainda enxergava, e assisti a muitas palestras, conversei com o meu pai sobre a possibilidade de estudar, pesquisar e me preparar para dedicar a carreira ao palco, na condição de palestrante.

Incentivado por José Augusto Maievski, amigo, comecei a escrever artigos e tecer os textos para a primeira palestra. Agora, estava decidido. Na ocasião, entre viagens para Miami, local de referência na medicina ocular, em busca de novidades para o tratamento e muito estudo, estava totalmente cego, em fase de adaptação com os novos e incontáveis obstáculos.

Outra vez, a vida mostraria que não existem coincidências. A necessidade de foco para escrever a primeira palestra serviu como bálsamo no sentido de absorver a informação de que nunca mais enxergaria. Mentalizei que tinha uma palestra a preparar, um público a esperar e muita gente a me apoiar. Com tudo isso, não sobrou espaço para sofrimento ou vitimismo.

Entre um tropeço e outro, a cara batida numa porta aqui e acolá, aprendi a viver na escuridão, a transformar uma existência sem luz na necessidade de levar alguma luz para quem, embora enxergue, esteja vivendo na escuridão das emoções. Isso remete a outras duas perguntas:

Se eu consegui lidar com uma mudança tão drástica, me adaptar e ser feliz sem enxergar, acha mesmo que alguma pessoa, circunstância ou adversidade têm o poder de prejudicar a sua vida e impedir a sua felicidade?

A vida vai sugerir, por meio de janelas, como propus no olhar anterior, momentos mais favoráveis para virar a chave e trocar de emprego ou profissão, se for o seu desejo. Vai fingir que não viu ou ouviu esse crucial "toque" da vida?

olhar 7

COMO TER A CERTEZA DE QUE ESCOLHEU A PROFISSÃO CERTA

Um dia, Marquinhos, aos dois anos de idade, conheceu a dúvida. O que aconteceria se colocasse o dedinho na tomada? Depois do choque, Marquinhos conheceu a certeza. Noutro dia, Marquinhos precisou escolher a faculdade e escolheu mal, colocou o dedo na tomada outra vez. Anos depois de formado, teve a coragem de cursar outra faculdade, dessa vez a que sempre sonhou e passou a exercer sua nova profissão. Hoje, Marquinhos, que é experiente nos assuntos da dúvida e da certeza, diz a todos que vive feliz e realizado, com certeza.

Quando um cego vai debutar na carreira de palestrante, a hipótese de falar para as paredes é grande. Eu não fui exceção.

— Gabriel, você tá virado para a parede! – sussurrou alguém da equipe de apoio, em minha primeira palestra.

Dali em diante, precisei usar truques com a equipe de apoio, para me certificar que estava virado para a audiência. Na primeira vez, talvez o público tenha entendido e me perdoado. Era cego de primeira viagem e nem bengala usava. Um dos truques, ideia simples e muito funcional, foi o uso de um tapete de borracha, também conhecido como capacho. Assim que toco a bengala nele, sei a posição em que estou.

Micos à parte, falando sobre o que realmente importa, conteúdo, em minhas palestras e treinamentos incessantemente abordo trabalho em equipe, família, amizade, planejamento, equilíbrio entre razão e emoção, capacidade de adaptação às mudanças. Ou seja, através do tema "relacionamento" como ponto central, alcanço públicos heterogêneos.

Num centro universitário sulista, em Francisco Beltrão, fui convidado a palestrar para algumas centenas de universitários. O diretor foi gentil e sincero:

— Gabriel, por antecedência vou me desculpar, porque conheço a nossa turma. São alunos que dispersam nas palestras, se levantam, entram e saem do auditório, usam o celular. Você viajou 400 km para estar conosco, então acho que é bom alertar você e sua equipe.

Agradeci e pedi que ficasse tranquilo. Com a informação do diretor, solicitei que minha equipe ficasse de olho na audiência, a fim de confirmar tamanho desinteresse. Ao término da palestra, me disseram que ninguém se levantou ou usou o celular e fomos aplaudidos de pé por dois minutos. Em seguida, na sala do diretor que agora estava emocionado, as palavras dele confirmaram que eu virei a chave da carreira no momento e para o lado certo.

— Gabriel, nós nunca vimos isso. Você foi o primeiro palestrante que teve a atenção de todos os alunos durante a palestra. Obrigado pelo recado de superação que nos trouxe!

Da audiência, escutei algo que se repetiria em quase todos os nossos trabalhos.

— Gabriel, eu tenho dois olhos que funcionam bem e descobri que até hoje não enxergava nada!

Narrei esses *feedbacks* desapegado de ego para mostrar que, ao escolher uma nova carreira, temos meios e pessoas que podem nortear o bom andamento da opção adotada. No meu caso, *feedbacks* foram positivos desde o início. Vamos supor que João não tenha a mesma "sorte" e receba um *feedback* negativo. Se assim for, desistir deve ser a última opção e se o fantasma da desistência aparecer para assombrar as noites idealistas e preocupantes de uma nova função, João deve pensar em algo...

Quem se indispõe a aprender, persistir e treinar está cego e apto a desistir.

Quem vira as costas àquilo que sonhou, negligencia o sentido da existência.

Quem teve a coragem de enfrentar a dúvida não teme o preço da certeza.

olhar 8

PEDIR AJUDA NA EMPRESA É UM DESAFIO PARA QUEM ENXERGA

O pior cego não é "o que não quer ver". O pior cego é o que criou esse ditado, pois quem não quer ver, seja cego ou não, precisa de ajuda para abrir os olhos. Maria conheceu Pedrinho na faculdade. Na época, um cavalheiro, romântico e gentil. Depois do casamento, Pedrinho mostrou-se outra pessoa, violenta, ciumenta e ameaçadora. Jurou matar Maria se essa procurasse as autoridades. Ela decidiu pedir ajuda para quem lhe trouxe ao mundo. Sua mãe disse "eu te avisei", mas nada fez. Não incentivou Maria a procurar a polícia, não conversou com o genro agressor. Tudo que fez foi criticar a filha pela escolha. Até que um dia, Pedrinho perdeu qualquer limite e bateu tanto, que tirou a vida de Maria. "O pior cego" da metáfora foi Maria, que se casou apaixonada e sem saber o que enfrentaria, ou sua mãe, que não a ajudou a enxergar as possibilidades para escapar do bandido disfarçado de marido?

A partir daqui, vou inserir mais profundidade nas reflexões sobre ascensão profissional, dedicar olhares aos empresários e colaboradores que desejam evoluir. Depois disso, voltaremos a olhar para a vida de maneira mais abrangente.

Quando deixo minha residência para ir até o Instituto em que pratico diversos cursos, uso uma estratégia logística e mental. Isso permite evitar o buraco que pode me fazer cair, atravessar o semáforo em segurança ou subir e descer degraus com menor risco. Outra etapa que torna esse trajeto prudente é pedir ajuda a quem puder ajudar. E com toda certeza, poderia investir em cursos sob o formato EAD[1], mas o conhecimento prático para deficientes visuais é um recurso do qual não se pode abrir mão. Desde que exista a certeza de sair em segurança, é preciso buscar o externo, aprender, errar, acertar.

Nas empresas, a concorrência pelas vagas e a necessidade de "saber o que fazer a qualquer custo" têm deixado as pessoas cegas. Vou apresentar uma nova personagem...

Roberta, vendedora do setor automobilístico, tem categórica certeza de que realiza o seu trabalho com fluidez, eficiência e diferenciação. Um novo modelo ficou disponível para venda e o treinamento de Roberta está agendado sobre esse projeto da fábrica, para a semana seguinte. Enquanto isso, um cliente antigo telefona, solicita informações que Roberta responde sem problemas, consultando o manual, até chegar a uma pergunta difícil.

— Você pode me dizer como é a performance do carro em terreno *off road*?

A colega de vendas Luiza, que fica no andar de cima da concessionária, acaba de fazer um treinamento específico acerca da performance do carro para quem roda em

1 Ensino a distância.

estrada de terra. Roberta pede ao cliente um tempo para retornar ao telefonema com uma informação mais precisa. Vejamos as alternativas dela:
1. Pedir ajuda à área técnica da montadora;
2. Ir até a mesa de Luiza e solicitar a informação;
3. Responder sem conhecimento, confiando na marca, dizendo que a performance, "com certeza", é excelente.

Na primeira, Roberta, talvez, tema que o líder, vizinho de mesa, escute a conversa e saiba que ela precisou recorrer porque não tinha conhecimento algum. Na segunda, terá que recorrer à concorrente que não conhece e, por último, vai chutar e expor o cliente a um eventual risco.

Ao optar pela primeira, receberá informações técnicas de tração, laudos de teste e outras informações que não interessam ao cliente, pois o que ele busca é informação subjetiva e não precisa. A terceira opção dispensa comentários. E a pergunta que não quer emudecer é a seguinte:

Ainda que Roberta fosse deficiente visual, será que existe algum perigoso buraco pelo chão ou uma parede-surpresa entre a sua mesa e a de Luiza?

O trajeto que mencionei, de casa ao Instituto, prevê a passagem por uma avenida muito perigosa e movimentada. Por que eu atravessaria, cego, assumindo risco de morte, se nada me custa a humildade de pedir ajuda a algum desconhecido que estiver por ali?

Isso nos leva a outra ponderação. Se eu coloco a minha vida nas mãos de um completo desconhecido, por que Roberta hesita ao pedir informação a uma colega que conhece e em quem confia (ou deveria confiar)?

Uma apuração final se faz valer. No exemplo, ao não procurar pela amiga que tinha informação a ceder, Roberta se torna totalmente cega diante da existência de Luiza.

Isso acontece no dia a dia da sua empresa ou são delírios do autor que vos escreve? Empresas cujos colaboradores temem, desconfiam ou vacilam diante da troca de informação estão caminhando às cegas, sem imaginar quais obstáculos a concorrência ou o mercado impõe pelo caminho. Aos líderes e dirigentes resta a intrincada tarefa de ajudar os colaboradores a enxergarem uns aos outros, como se fossem o oftalmologista do labor.

Não se pode confundir: uma ação estratégica é fomentar a saudável concorrência entre equipes e pessoas e outra, equivocada, é alimentar a desconfiança que transforma todos em cegos.

olhar 9

TODA EMPRESA TEM COLABORADORES QUE ACORDAM CEGOS

Kelly e Maria trabalham na mesma empresa. Manhã de segunda-feira... Kelly acorda e, antes de sair da cama, conecta sua rede sem fio para conferir a atualização do celular. Maria acorda e, antes de sair da cama, agradece por mais um dia de vida, pelos familiares que tanto enriquecem a sua existência e depois do longo banho, do belo café da manhã, conecta o celular. Ao chegarem à empresa, Maria, a caminho de sua mesa, distribui "bom dia" a quem encontra. Kelly desfila pelo setor e, enquanto anda, confere suas novas mensagens. Inclusive, Kelly chega a tropeçar numa colega, mas não a enxerga, pois só vê o celular. Nem uma nem outra está certa ou errada, mas pense: Kelly ou Maria tem mais chances de uma segunda-feira próspera?

Algumas pessoas, cegas de nascença, jamais tiveram o prazer de contemplar a beleza do mundo. Eu tive a felicidade de enxergar até 2015, mesmo com restrições. Um terceiro grupo acorda cego em relação à presença humana e segue sem enxergar pela vida inteira.

A sensação de entrar no elevador, dizer "bom dia" para o desconhecido que estava lá dentro e nada escutar além do silêncio, deixa bem claro que ali estava um deficiente visual em relação ao semelhante, algo que também ocorre com frequência nos corredores e bastidores das empresas.

O papel da liderança, embora poucos reparem, também está ligado à habilidade de atuar como oftalmologista e devolver a visão aos colaboradores, pois se a cegueira que eu experimento não tem cura, essa outra tem. Com periodicidade, o líder deve reunir a equipe e indagar se essas questões mais básicas do relacionamento estão sendo respeitadas. Ainda que pareça algo irrelevante, provarei que não é, por meio de novos e, como sempre, fictícios personagens.

Pedro se recusa a saudar Mauricio, logo pela manhã. Mauricio faz o mesmo com Débora, que também se transforma em cega e não vê a chegada de Charles. Aos poucos e num breve espaço de tempo, toda a empresa estará carrancuda.

Os números começam a refletir o clima comprometido pelos cegos. Em seguida, a rotatividade aparece como outro alerta para o líder que talvez também esteja cego para o que está acontecendo e, por último, a empresa começa a perder terreno para o concorrente que tem investido em afeto corporativo, algo simples para se resolver com treinamento, e complicado para se solucionar sem ações diferenciadas.

Por maior boa vontade que o líder ou o gestor tenha para solucionar um clima comprometido, concerne lembrar que estão ambos envolvidos, de alguma maneira, no processo, e a experiência já me mostrou que o ditado estava errado:

"O pior cego é aquele que não quer ver" deve transformar-se em "o melhor cego é aquele que passa a ver", a ver os semelhantes, sem os quais nada somos e nenhuma empresa encontrará sucesso.

Como a existência pode ser considerada completa se enxergamos o digital e optamos por não contemplar o ser humano?

Como a empresa se dirá cheia de "valores", se a valorização ao ser humano, que é vital, não recebe um novo olhar a cada dia?

olhar 10

SUA EMPRESA TEM COLABORADORES DE BENGALA?

Um elefante, animal de seis toneladas, é subjugado por um domador que não pesa nem um décimo de tonelada. Conta-se que no circo, desde filhote, o bichinho é acorrentado a alguma base fixa. No futuro, ainda segundo relatos, basta que a corrente esteja na pata do elefante adulto e ele vai entender que está "preso". Então, é possível entender que o elefante vê a corrente como a sua bengala. Quem dá as ordens e o acorrenta também o alimenta. Da mesma forma que esse triste exemplo, várias pessoas usam bengala sem precisar. O emprego que não felicita, mas gera dinheiro mensal é uma bengala emocional. O hábito que não traz benefício e se repete por ter se tornado vício é uma bengala de fuga. O medo não superado é a bengala que ajuda a evitar o "perigoso terreno" do sucesso.

Antigamente, com o recurso da visão, eu poderia fazer qualquer tarefa. Por orgulho ou qualquer razão, arriscaria hoje a caminhar sem bengala, sendo que o recurso me garante segurança?

A minha condição mudou. Todo profissional comprometido com o futuro da carreira e do negócio que defende deve reconhecer que o mercado também mudou sem pedir licença.

A solução que serviu ontem, aplicada hoje, se transforma em problema. Porém o problema não resolvido será a bola de neve do amanhã, o que nos leva a duas observações:

> 1) Precisamos resolver de maneira inédita para atender a um mercado que nunca mais se dispôs a ser o mesmo no dia seguinte;
>
> 2) Devemos ser cirúrgicos e pontuais, em vez de utopistas e procrastinadores.

Eu capto informações de sobrevivência, estratégia e planejamento com outras pessoas que vivenciam a deficiência visual há mais tempo do que eu, assim como evoluo ao escutar soluções de quem não é cego, mas pesquisa ou se envolve com o assunto.

O empresário tem feito o contrário e se distancia de quem vive as mesmas dificuldades, no caso, o concorrente. Não é necessário compartilhar segredos lucrativos e táticas de guerra do negócio, mas empresários do mesmo setor precisam dividir o que é desafio comum e dois temas podem exemplificar bem a nossa reflexão: tributos e política setorial.

De mãos dadas, é mais fácil e saudável exigir redução tributária do governo e cobrar políticas setoriais que beneficiem o setor (e não essa ou aquela empresa). Isso não acontece porque diversas empresas estão usando a bengala do concorrente, sob o argumento "ele que resolva isso".

Em outra análise, ao pensarmos no colaborador e no líder, precisamos retirar a bengala. O medo de confiar nos profissionais ainda faz com que muitos empresários tenham dificuldade para delegar e prefiram emprestar bengalas, apoios para que se resolva algo ali, com a pontualidade que o problema requer, sem pensar que o problema resolvido hoje sem planejamento será a garantida reincidência de amanhã.

Quando o colaborador é capaz de andar sozinho e a empresa insiste em ceder uma bengala, espontânea tendência se abre e, em breve, ele deixará a empresa, em busca de outra que confie em seus passos.

A bengala é um acessório conveniente, simples e eficiente para quem precisa andar, porém prejudicial a quem está pronto para correr.

olhar 11

Parar no tempo é estar cego para o futuro

O futuro é uma locomotiva, um trem bala. O passado é a estação de partida e o presente, a viagem. Tem gente que prefere descansar e dormir enquanto o presente está em curso. Um segundo grupo prefere ler, escutar boa música ou assistir ao filme preferido. O terceiro grupo é mais preocupante; composto por pessoas que param no tempo, e sequer percebem o presente passar diante dos seus olhos. "Eu nem vi a viagem" é a afirmação clássica de quem partiu, chegou e parou enquanto o tempo presente se fez.

Por ocasião do definitivo diagnóstico que bateu o martelo no assunto cegueira, as restritas opções se limitaram a ficar em casa e fazer uso da lei do menor esforço, ou sair para uma nova vida. Exceto por óbvias limitações, a segunda escolha me permitiria uma vida feliz. A primeira, embora confortável, representava uma perigosa zona de fronteira e, do lado de lá, a névoa do vitimismo, que nunca me atraiu.

Decidi sair, trabalhar, me relacionar, me formar e viver. Fui pai depois do acidente e tenho uma relação excelente com Gustavo, filho e companheiro de arquibancada para assistir aos jogos de futebol de nosso time preferido. Tudo que consegui e todos os lugares que conheci estariam e fariam parte de um passado utópico, de sonhos não realizados. Decerto, estaria eu a indicar as pessoas que têm "a sorte que eu não tive". Hoje, vislumbro as escolhas que fiz, algumas porque quis, outras porque foram necessárias, e sinto orgulho.

Durante as palestras e os treinamentos, converso com os colaboradores e empresários. Às vezes, me deparo com escolhas profissionais que custarão caro em médio e longo prazo. Preocupa-me o profissional que decidiu parar no tempo, que tem medo de assumir novas e diferentes responsabilidades, que resiste a uma simples mudança de sistema, que estancou no mesmo cargo há anos, enquanto observou os seus colegas atingirem patamares, cargos e salários mais elevados.

— Estou na empresa há sete anos e nunca fui promovido. O outro chegou no último semestre e conseguiu um novo cargo.

Escuto as queixas com paciência, inclusive as justificativas que costumam ceder, principalmente quando pergunto o que teria impedido a sua ascensão.

— O colega é um cara de sorte, provavelmente estava no lugar e na hora certa!

— Pra subir puxando o saco, prefiro continuar no mesmo lugar!

— Ele assumiu caixas e caixas de pepino por um salário que talvez nem compense!

É mais fácil creditar as circunstâncias ao acaso, à sorte, do que pagar o preço. A promoção do "sortudo" talvez simbolize o resultado de vários finais de semana dedicados ao estudo e incontáveis privações.

Eu não dependi da empresa para estudar no exterior. Investi com montante do próprio bolso, sacrifiquei férias, paguei o preço. Quem trabalha com finanças, para exemplificar, não pode e nem deve esperar que a empresa custeie a sua pós-graduação. Caso exista a possibilidade, como muitas empresas têm investido, é o cenário perfeito. Do contrário, o profissional deve planejar, se preparar e arcar com as despesas que elevarão sua carreira.

Transferir, única e exclusivamente, a gestão do conhecimento e da carreira a uma hipotética boa vontade empresarial é o mesmo que preferir um futuro profissional às cegas, ao sabor do ensejo alheio, além de servir como prova de que o profissional parou no tempo e se isso aconteceu, as alternativas são simples.

- Esperar pela sorte;
- Criticar os pares;
- Entender tudo como "injustiça";
- Inventar desculpas;
- Criar obstáculos e fantasmas;
- Alimentar o medo de prosseguir e enxergar.

olhar 12

QUEM NÃO ENXERGA A EFICIÊNCIA, BATE A CANELA NA CONCORRÊNCIA

Nunca a eficiência foi tão discutida nas empresas, nos seminários e até mesmo os filósofos contemporâneos têm emprestado suas ideias e soluções para esta qualidade. Mas o que é ser eficiente? Pedrinho, 19 anos, envia currículo todos os dias, pela internet. Isso é procura digital. Depois de nada conseguir, Pedrinho decide ir pessoalmente até os possíveis lugares que podem empregá-lo. Isso é procura presencial. E, finalmente, Pedrinho muda a estratégia, telefona para uma empresa em que esteve e da qual gostou, conversa com o responsável e usa o seguinte argumento: "estive aí no dia 10, conversei com a Alessandra, gostei muito de sua empresa e por isso estou insistindo numa vaga. Se me contratarem, poderão contar com um jovem cheio de energia, desejo de vencer e retribuir a confiança. Podemos marcar uma entrevista"? - isso é eficiência.

A posição dos móveis e objetos de minha casa, tanto quanto possível, precisa permanecer inalterada. É mais fácil manter tudo organizado, no lugar, do que memorizar onde está cada item que mudou de lugar. É uma das poucas exceções que existem em minha vida sobre o tema resistência à mudança. Mesmo assim, por uma boa causa: garantia de eficiência.

Quem enxerga diz que o dedo mínimo, familiarmente conhecido como dedo mindinho, é um ímã para pancadas. Imagine para quem não enxerga...

Com tudo em seu devido lugar, é possível bater a canela, a testa ou o dedo mindinho com menor frequência. Ato contínuo, ao ter tudo organizado, sou mais eficiente e não preciso dar passos vagarosos.

Nas primeiras aulas em que frequentei o Instituto, fiz o reconhecimento e mapeei o caminho. Tudo ia bem, até que a companhia de saneamento precisou realizar reparos. O correto seria colocar uma sinalização horizontal, com barreiras para impedir o acesso de deficientes visuais. Em vez disso, a companhia usou fita zebrada amarrada por cima. Ocorre que a área de tato do deficiente é inferior e, da maneira como estava, a bengala passou sob a fita.

Por ter mapeado o caminho (e não por sorte), percebi a mudança e usei a comunicação verbal para pedir ajuda e evitar um acidente. Essa eficiência investida na aferição do caminho é um diferencial de segurança, o que nos leva até a pergunta que merece ser feita.

Por que as pessoas dotadas de uma visão saudável e excelente se economizam no assunto eficiência, oferecendo menos do que são capazes?

Em tempos de sistemas que medem a capacidade produtiva e rentável com muita precisão, não demora muito e o empresário sabe quem escolheu ser menos eficiente. A tendência empresarial é desligar essas pessoas, o que nos coloca no rumo do raciocínio final, para o qual esse olhar dá especial atenção.

Discute-se o desemprego no Brasil com frequência, e reconheço tratar-se de assunto da mais alta relevância. Porém, precisamos discutir a eficiência (ou ineficiência) dos colaboradores, líderes e gestores. Se a ineficiência for constatada, é preciso proteger a canela, a testa e o dedo mindinho de todos, pois não há de faltar concorrente disposto a mudar tudo de lugar e impor obstáculos pelo caminho.

O treinamento é uma armadura técnica e emocional.

A escolha do empresário, no sentido de contratar o treinamento, é a chance de reorganizar a matéria-prima mais poderosa da empresa, o ser humano.

A dedicação do semelhante treinado é o elemento final para superar quaisquer crises.

Após essas três etapas da eficiência, o concorrente vai olhar para os seus resultados e dizer algo que já falamos em outra ocasião:

— É uma empresa de sorte!

olhar 13

QUEM JÁ ACABOU, POUCO TEM A ENXERGAR

"Já acabei" é uma expressão que serve para ações que precisam ter um fim. Recursos como cultura, capacitação e informação são cíclicos. Thiago, gerente de marketing numa multinacional do setor alimentício, outro dia tomava café com o seu diretor, que perguntou, de maneira desinteressada, se Thiago pretendia optar por mais uma graduação acadêmica. O gerente disse que estava cansado dos estudos, que tinha "acabado" a pós-graduação recentemente e no futuro poderia até pensar, mas não agora. Naquela mesma tarde, por telefone, o gerente deu a seguinte informação para a matriz: - A vaga na filial de Londres exige MBA e eu poderia até assinar e abrir uma exceção para o Thiago, mas entendi que tão cedo ele não vai voltar à cadeira do conhecimento. Vamos promover o Paulo.

Puxaram o meu tapete! É a expressão habitual entre aqueles que se sentiram traídos.

Os deficientes visuais têm a sua cadeira puxada e as pessoas não fazem por mal. A intenção positiva de quem ajuda um cego a sentar-se, por exemplo, no restaurante, talvez resulte em acidente. A pessoa empurra o deficiente visual para trás ou vai empurrando os seus ombros para baixo. Nos dois casos, existe o perigo de derrubar o deficiente, que deseja somente ter noção da altura do assento.

Antes de ajudar, uma pergunta simples garante a segurança.

— Como posso te ajudar?

E pensando nos perigos maiores e menores que presenciei nas idas e vindas de viagens, algumas próximas e outras distantes, em busca de informação e evolução, sinto que caminhei bem. Ainda estou longe do fim, porque conhecimento só tem início e meio, de tal modo que se eu afirmasse o contrário, empurraria os ombros do leitor para trás ou para baixo, o que seria perigoso.

Depois do acidente, concluí ensino médio, faculdade, pós-graduação, MBA, inglês, espanhol, devorei milhares de livros e me inscrevi, como aluno, em dezenas de palestras e treinamentos alternativos. Fiz e continuo fazendo tudo isso porque entendo que não podemos, em nenhuma hipótese, usar a frase típica de quem preferiu estabelecer um ponto final nos estudos. Diálogos sobre isso são travados todos os dias.

— Já acabei.

— Como assim acabou?

— Fiz o segundo grau completo.

É a visão imediatista e devemos torcer para que seja "da boca pra fora", para que a pessoa mude de ideia e encontre algo capaz de motivá-la a continuar. Ainda que não seja uma continuação acadêmica, que siga alternativa base de pesquisas e estudos.

O mesmo ocorre com aqueles que ensejam sentar-se na cadeira da gerência imediatamente após deixar a faculdade, ou com aqueles que exigem da empresa um plano de carreira, o que nos cabe, outra vez, discernir.

É claro que algumas empresas oferecem um plano, uma expectativa de carreira, porém costuma-se condicionar tal plano ao correlato bom desempenho do profissional. Por mais que se ofereça esse norte profissional, como podemos creditar 100% do plano de uma carreira que é nossa?

Certa vez, o presidente de uma empresa em que trabalhei, mais ou menos com essas palavras, ofereceu este pensamento singular. Dotado dos dois olhos saudáveis, o executivo ensinou que direcionar um novo olhar para a vida não é primazia de deficientes visuais. Basta vislumbrar o que a maioria não enxerga, pagar o preço da privação, do esforço e dos investimentos que só uma minoria aceita pagar e, por fim, assumir que a responsabilidade pelo sucesso na carreira é fruto da excelência prestada pelo profissional em justo pacto com uma empresa que reconhece e valoriza tal prestação de serviço.

Assim se enxerga o futuro com um novo olhar e, quem sabe, se possa abrir uma exceção, com grande peso filosófico:

Não seria interessante assumir uma proposital cegueira diante de ações que deterioram a carreira?

Creditar o desenvolvimento pessoal a instituições é como pedir que a empresa vivencie a nossa vida da melhor maneira possível. Ou seja, é abster-se dos direitos e deveres.

Lançar mão da evolução e da informação nos coloca sob o domínio do *status quo* "já acabei" e nada pode ser mais perigoso do que isso.

Quem já acabou, pouco ou nada terá a enxergar. O futuro, portanto, se reduz ao presente que jamais muda e ao passado que pouco significou. Não é a vida que eu quero e tenho certeza que não atrai a ninguém.

olhar 14

A DIFERENÇA ENTRE ACEITAR E APROVAR

Aceitar as decisões do Supremo Tribunal Federal não é uma opção. O que os ministros estabelecerem será acatado. No entanto, não há ministro, em nenhuma instância, que impeça o ser humano de pensar, divergir ou criticar o que foi decidido. Isso significa que se pode aceitar, mas aprovar é outra história...

— É verdade que cego escuta bem e sente mais em relação aos que enxergam?

A pergunta é recorrente e todo deficiente visual precisa respondê-la muitas vezes.

Depois que perdi totalmente a visão, reaprendi a enxergar o mundo através dos outros sentidos. Sentir, sob tal análise, é explorar a imaginação até que ela projete na mente aquilo que desejamos enxergar.

Diferente de quem nunca enxergou, tenho algumas referências. O cego de nascença, por exemplo, precisa criar a imagem de um sofá e dar vida, materializar o móvel. Eu já enxerguei um dia e sei como é um sofá, então só preciso projetar, reproduzir. Não existe cegueira melhor ou pior, mas vale informar essa diferença, para que o leitor imagine a nossa realidade com mais profundidade e propriedade.

Num trajeto de carro em dia chuvoso, os insistentes pingos se tornam uma projeção, enquanto o jato de água esguichado pelos pneus facilita a noção sobre a intensidade da chuva. O carro passa sobre uma poça e dá para imaginar a profundidade do buraco que armazenou a água.

Tudo isso faz parte da rotina de um deficiente visual. Por outro lado, sinto que devo quebrar uma percepção equivocada. A privação do recurso de enxergar não faz de nós peritos do olfato ou dos demais sentidos. Não se trata de melhorar os sentidos usados com maior frequência. Ocorre que esses sentidos recebem maior atenção e se potencializam, pouco a pouco, por repetição e treino. O inconsciente sabe identificar uma descida, uma subida e dispensa a necessidade de cálculos precisos. Sem essa noção, a vida seria chata e precisaria contar quantos passos da cozinha até a sala e vice-versa.

Ao assumir uma palestra ou treinamento, defino a posição do palco, da tela que projeta as imagens (sim, eu uso *data show* como os demais palestrantes), quantas cadeiras, como estão divididas, quantas do lado direito e esquerdo, que tipo de piso, onde está a posição das últimas cadeiras, a fim de que eu também possa virar o rosto para essas pessoas. Enfim, transmito positivismo e naturalidade, "olho nos olhos" da audiência de tal maneira que as pessoas chegam a perguntar se eu sou mesmo cego. O objetivo dessa naturalidade é tirar o estigma de coitado, culturalmente atrelado às pessoas com deficiência.

Vez e outra, alguém me pergunta se é difícil. Costumo responder que não é uma condição fácil, porém não é o fim do mundo. Tenho braços, pernas, mente saudável e recursos externos como bengala, celular, *notebook*, ônibus, taxistas, além de amigos e familiares. A gente se vira e a sociedade precisa parar de enxergar os deficientes visuais em extremos. Isto é, alguns nos entendem como coitadinhos e outros, como super-heróis. Nem um, nem outro; procuramos viver em sociedade da melhor maneira.

Certa vez, fui ao teatro sozinho. A distância era longa, o que me levou a chamar um táxi. Chegando lá, o motorista me conduziu até a recepção e dali em diante, conversando com um e com outro, fui me virando. Ao término do espetáculo, uma moça ficou chocada.

— Nossa, você veio sozinho. Que legal, que coragem!

Compreendi a visão dela, respondi com gentileza e minutos depois, já no táxi de volta para casa, confesso que me vi a sorrir e pensar:

— Será que aquela moça precisa de tanta coragem assim para sair de casa?

Repare que aceitar é diferente de aprovar. Aceitar é absorver a realidade e aprovar é felicitar-se com a realidade. Seria hipocrisia se eu dissesse "ah, eu adoro ser cego". Logo, aceitei a minha realidade. Não a aprovei, e nem por isso deixei de viver, de curtir o filho, celebrar a vida com os amigos, estar com a família, estudar, buscar mais e mais cultura. Isso tudo significa um novo olhar para a vida. Ainda que eu não esteja feliz por ser cego, me proponho a ser feliz também cego, recuso-me a seguir o caminho da piedade, distancio-me da condição de super-herói e simplesmente vivo, como qualquer ser humano, em busca de felicidade.

Eis a lição que gostaria de oferecer: você aceita e aprova a sua atual condição de vida? Caso a resposta seja negativa para o quesito aprovação, aí vai uma sugestão.

Se for possível mudar a condição hoje não aprovada, mude. Ou, caso esteja na mesma condição que eu e não exista nada que possa fazer para alterar o cenário, seja feliz independentemente da própria aprovação. E pode apostar: é possível.

olhar 15

UM NOVO OLHAR PARA OS FILHOS

Do nascimento até o fim da vida, nossos filhos exigem olhar atento para as escolhas que farão, os perigos que enfrentarão e as maravilhas de uma vida conectada à retidão de caráter e valores nobres. A lente que se usou ontem para zelar por eles não serve hoje e tampouco será útil amanhã. Todos os dias, pais devem aprender um novo olhar, uma maneira inédita de corresponder aos anseios do novo mundo. E o que deve ser considerado o novo mundo? Precisamente o dia de hoje. Reinventar a roda não é necessário e podemos educar com base nos mesmos valores que nos foram ensinados.

Reinventar-se, contudo, não é uma questão de escolha...

Ao estender a mão para cumprimentar um deficiente visual, lembre-se de algo importante que as pessoas costumam esquecer: ele não enxerga a sua mão. Quase sempre, se eu souber que a pessoa vem em minha direção para um cumprimento, estendo a minha e tudo se resolve. O problema é quando eu não sei, como acontece ao término dos eventos, momento em que as pessoas querem confraternizar e trocar algumas palavras.

Em casa, essa adaptação não foi fácil para ninguém. Aos poucos, tudo foi se ajeitando. Quando fiquei cego, meu filho tinha seis e estava prestes a completar sete anos.

— No natal, a sua visão vai voltar, pai! – dizia ele, esperançoso.

Até que o tempo, em sua vasta sabedoria, foi mostrando ao Gustavo que se tratava de uma condição definitiva. Hoje, felizmente ele "tira de letra". Rouba algum pedacinho de guarnição do meu prato ou esconde a bengala por alguns segundos, com um argumento professoral.

— Pra que bengala, pai? Você vai aprender a andar sem ela!

Assim por diante, como toda criança livre, Gustavo aprendeu que o humor é o melhor recurso. Somos grandes companheiros e além do bem-vindo humor, é um garoto fantástico. A família relata que desde o diagnóstico definitivo, sem que ninguém pedisse, ele retirava do chão brinquedos e objetos sobre os quais eu poderia tropeçar, recolhia chinelos e ficava de olho em meus passos, para ajudar ou proteger. No assunto deficiência visual, até hoje ele é protetor e "paternal" com o pai, o que nos leva, outra vez, a pensar.

A garotada dos dias de hoje amadurece com rapidez, compreende com facilidade o que os adultos levam muito tempo para entender e atinge a maturidade muito antes do que as crianças dos anos 70, 80 e 90.

O menino de ontem nutria, por exemplo, o sonho de ser um super-herói, enquanto a menina sonhava ser modelo ou princesa. As crianças de hoje não deixaram de brincar, sonhar e curtir a infância. No entanto, desenvolveram um novo olhar para a vida, estão alinhadas com a tecnologia, prontas para o futuro e querem empreender.

Cientes de tudo isso, como pais, precisamos enxergar o valor de cada dia, valorizar um final de semana juntos, passear, fazer acontecer.

"O futuro é uma astronave que tentamos pilotar", dizia Toquinho em seu clássico "Aquarela", e estava certo. O dia de hoje também é uma astronave que exige piloto e copiloto. Escolhi Gustavo para a função. Eu acelero ou freio, já que a minha perna alcança os pedais, enquanto ele zela pela direção. Juntos, pilotamos a aeronave que conduzirá pai e filho ao futuro.

Permitir que a pressão dos negócios ou a luta por uma carreira sólida distancie os pais dos filhos há de acelerar os resultados profissionais a um preço que nunca poderá ser pago. A astronave terá um piloto que enxerga a ambição, porém cego e sem o copiloto, que representa a sua continuidade.

olhar 16

AUTOESTIMA É MERA EXPRESSÃO DE PALESTRAS E DIVÃS?

Ricardo é irmão gêmeo de Alexandre. Passaram a infância unidos, até que Alexandre foi viver e estudar no exterior, enquanto o outro seguiu carreira no Brasil. Uma vez por ano, se encontravam no exterior. Certa vez, Ricardo disse que precisaria espaçar sua visita e viajaria a cada dois anos. Ao que seu irmão respondeu: – Sem autoestima, eu não viveria longe de você, meu irmão. Todos os dias, preciso me convencer que estamos distantes porque vim buscar a vitória do outro lado do mundo. Então, a partir de hoje, você vem uma vez por ano e, no ano seguinte, irei até o Brasil. Sem ver você por tanto tempo, em vez de uma grande oportunidade, esse lugar seria só um país.

Nas palestras e treinamentos, invisto o máximo esforço para mostrar que cego não é coitado. Em geral, depois do trabalho, colho dois ou três depoimentos. Quase sempre, a fala de quem oferece esse *feedback* envolve gratidão e reconhecimento. Certa vez, palestrando numa cidade sulista, um garoto me disse algo inusitado.

> *Sou da região norte do Brasil. Estou aqui para estudar, mas o dinheiro acabou. Os amigos chegaram a me ajudar com refeição e transporte. Estava pensando em desistir do curso e voltar para casa, mas a sua palestra me fez rever tudo. Este é o meu sonho, vou arranjar outro trabalho e concluir a faculdade.*

Nas empresas e na vida em geral, é comum que se crie fantasmas maiores do que a própria capacidade, subvalorizando um potencial incrível. De um a um, por efeito, a autoestima menosprezada tem efeito contagiante.

Vivemos em ambientes de constante disputa. Aos que trabalham como colaboradores na empresa, não falta concorrente a preencher vagas, e quem experimenta a competição empresarial também sabe que uma pequena fresta na porta do cliente é suficiente para o concorrente entrar.

Ainda bem que o rapaz do exemplo, em tempo hábil, abriu os olhos para a cegueira temporária. Milhares de brasileiros se encaixam no mesmo exemplo. Deixam a sua cidade para garimpar conhecimento e voltam assim que os primeiros contratempos apontam no horizonte, tão logo a autoestima sofra o primeiro golpe e a adaga do fracasso ameace lhe cortar a carne.

Um cego não vive sem autoestima. No máximo, sobrevive jogado em um sofá, lamentando a vida que não teve e tampouco terá. E o que muda quando pensamos nas pessoas que enxergam e se descobrem com a autoestima em flagelos?

Nada. A autoestima é a gasolina que me tira de casa para viver e, sem ela, minha bengala não toca o chão. No seu caso, para tocar o chão, os pés carecem da mesma autoestima, ou conduzirão um corpo saudável sem rumo exato, um corpo que preferiu ser vendado pelas circunstâncias e descrente da própria força.

A rede social elenca opiniões nesse território e há quem pense que a autoestima é "só uma expressão para embelezar palestras ou reforçar teorias do divã", o que nos leva ao derradeiro pensamento desse trecho.

O ceticismo em relação à fé é algo que se pode compreender. Não obstante, desacreditar na intrínseca capacidade de estimar-se é como duvidar da própria existência.

olhar 17

Confiar não é opcional

Para mudar o mundo, é preciso confiar nas pessoas. Madre Teresa, Martin Luther King Jr., Mahatma Gandhi, Chico Xavier e tantos outros pacificadores contaram com um exército de seguidores leais que ajudaram a levar a sua mensagem para o mundo. Até mesmo o ilícito praticado pelo inescrupuloso prevê que ele confie em aliados e a política está repleta de exemplos. Antes da época do compartilhamento, empresários precisavam confiar nos colaboradores e esperavam que os segredos industriais fossem protegidos por eles. O tempo passou e agora quase tudo é revelado. Virou moda postar vídeo que explique como é fabricado o produto que antes ninguém divulgava. Agora, o jogo virou e os maiores problemas da empresa moderna são: a) fazer com que os colaboradores confiem na organização; e b) fazer os colaboradores confiarem uns nos outros.

— No trabalho, eu não confio em ninguém! Frase assim é rotineira nas empresas. O clima de competição, sobretudo quando estimulado de maneira exagerada pela liderança, num primeiro instante, deixa as pessoas cautelosas, até que chegam ao estágio seguinte e não confiam mais umas nas outras.

A responsabilidade empresarial para favorecer a energia da confiança não deve ser esquecida. Uma empresa é composta por pessoas em quem se possa confiar, e elas também precisam crer na empresa, numa relação de recíproco desejo evolutivo.

Uma vez na rua, sem nada a enxergar além da escuridão, confiar nas pessoas não se trata de opção. Seguro no braço de um total desconhecido e naquele fugidio espaço de tempo entre um lado e outro da rua, com os carros acelerando de lá e de cá, minha vida está nas mãos desse estranho. É melhor confiar do que arriscar sozinho.

A empresa é como esse estranho. Os colaboradores deixam a sua residência, a sua família, para ficarem por oito horas abrigados no interior de um escritório ou galpão de fábrica. Confiam o seu sustento e o seu crescimento à atitude dos empresários que os contrataram, a quem não conheciam quando iniciaram na organização.

Eis a analogia. O estranho que me ajuda a atravessar a rua hoje, que momentaneamente recebe minha confiança em alto grau, talvez não cruze o meu caminho outra vez e, nem por isso, deixei de confiar nele. E por que os colaboradores têm dificuldade de confiar em quem os contratou, mesmo depois de anos a laborar sob o teto de alguém que já é conhecido?

Outra vez, a responsabilidade dos empresários surge como fator diferencial. Alguns segredos fazem parte do jogo de xadrez corporativo, mas não se pode confundir política de sigilo com falta de transparência. Uma coisa é restringir uma informação privilegiada ao corpo de diretores. Outra muito distinta é esconder dos colaboradores informações básicas, que não precisariam ser escondidas. Alguns exemplos:

- Imputar no sistema o valor de custo do produto acima do verdadeiro, para aumentar a margem de lucro;
- Omitir informações detalhadas sobre o acúmulo do banco de horas, para que o profissional perca a noção e, aos poucos, essas horas sejam "raptadas";
- Inflar o custo real de alguns benefícios, como assistência médica e odontológica, para fazer o colaborador contribuir com um pouco acima daquilo que deveria.

São ações simples, que geram pouco retorno financeiro ao empresário, porém enorme desgaste quando os colaboradores descobrem.

Não existe segredo inviolável ou definitivo numa empresa. Hoje ou amanhã, alguém que descobriu uma informação encoberta por más intenções vai contar para o vizinho de mesa. Algum tempo depois, toda a empresa estará ciente e ninguém confiará em quem lhes emprega.

Quem me ajuda a romper obstáculos ou atravessar uma rua é digno de confiança.

Quem ajuda o empresário a crescer ou manter-se em ótima posição deveria ser digno de confiança.

E, por fim, o empresário que contrata um colaborador merece que esse dê o melhor de si, não apenas nos primeiros dias de trabalho, mas até o dia da rescisão.

Dessa maneira funciona a confiança sob a perspectiva de um novo olhar: dá-se confiança, confia-se, recebe-se confiança.

Em vez disso, o mercado está repleto de pessoas que não confiam nos pares, nos líderes ou na própria organização. As famílias têm irmãos que não confiam uns nos outros e as empresas mantêm colaboradores em quem "confiam pela metade, desconfiando".

A mudança não é opcional. Aprendemos a confiar, veremos e seremos um Brasil melhor.

Ou seguiremos desconfiados e essa segunda alternativa, desde o relacionamento entre Cabral e os indígenas, deixou provas de que não dá certo.

O futuro merece um novo olhar, com a confiança restabelecida, oferecida e recebida.

olhar 18

O SER HUMANO É MENOS FRÁGIL DO QUE SE IMAGINA

Tudo é bullying agora. Tem especialista que clama pela necessidade de sermos fortes e outros, em passo contrário, consideram que chamar José de "Zé" é ofensivo. Não seria exagero? Na minha infância, quase todos tinham algum apelido e era até divertido. Ninguém se importava mais do que o necessário. Não estou defendendo a violência, nem sou a favor de que se trate com desdém, mas vale um pensamento: somos mais rocha e menos casca de ovo do que se imagina.

— No balaio dos relacionamentos, tem-se discutido muito o assédio moral e os cuidados para não ferir o sentimento alheio. Concordo que é fundamental respeitar os semelhantes, a diversidade de ideias e vou além; precisamos interpretar. Com tanta atenção voltada à área do relacionamento corporativo, opiniões profissionais e pessoais se misturaram como farinhas do mesmo saco.

Enquanto enxergava e executava minhas funções como engenheiro, tive dois líderes. Um deles diretor de engenharia, o outro, vice-presidente. A relação entre ambos era dual e admirável. Protagonistas de contendas históricas, defendiam suas razões, argumentavam com a alma e quase sempre, com as emoções afloradas, em tom de discussão. Nos finais de semana, os dois reuniam as famílias, tomavam vinho, se confraternizavam. Jamais presenciei alguma agressão profissional que tenha sido exportada ao campo pessoal. Não questionavam competências, habilidades, atitudes. Brigavam pelo projeto, defendiam variáveis, apontavam erros estratégicos.

A experiência desses dois merece servir como inspiração. Quando o líder reclamar da qualidade do relatório, compete identificar os pontos de melhoria, aperfeiçoar o contexto e ponto final. O seguinte pensamento não deveria ser alimentado:

— Em tantos anos, foi a primeira vez que reclamou do meu relatório. Na visão dele, virei incompetente e não sirvo mais para a empresa.

É a típica certificação frágil, carregada de vitimismo e comiseração. Quando comecei na área de palestras, carregava sob o braço um material rico, porém cansativo. Tantos anos depois, sou capaz de rir até dar gargalhada por ter apresentado conteúdo tão abaixo de minha capacidade. A fase passou, o conteúdo foi aperfeiçoado e talvez, em uma década, eu volte a rir desse conteúdo que hoje capta aplausos e toca corações.

Ao receber um *feedback* negativo, como profissional de palco, minha obrigação é estudar o contexto da crítica e melhorar a partir dela. O que não posso e tampouco devo é levar para o lado pessoal.

Ofender alguém por conta de um trabalho que gerou insatisfação é crueldade.

Criticar alguém por conta de um trabalho que gerou insatisfação é necessidade.

Acolher a crítica de um trabalho que gerou insatisfação é humildade.

Atacar a crítica com justificativas insustentáveis ou ofensivas é insanidade.

Reformar um trabalho que gerou insatisfação é sagacidade.

Um novo olhar para a crítica impõe fim à fragilidade.

olhar 19

NÃO EXISTE SER HUMANO MAIS CEGO DO QUE O DESTREINADO

Sem treino algum, correndo só para contemplar a paisagem da África Oriental, um atleta queniano resolveu se inscrever e venceu a São Silvestre em três anos seguidos. O velocista Usain Bolt conseguiu mais da metade de suas medalhas e tudo que fazia era se divertir, testando os próprios limites em apostas de dez dólares com os amigos. Corria por correr, sem treinar, até que um dia se dispôs a competir e sagrou-se campeão. O máximo que o acumulador de medalhas Bernardinho faz para vencer é colocar a seleção em campo e organizar um rachão, valendo uma cervejinha entre o time principal e o reserva, depois do jogo. É possível acreditar em alguma dessas informações? É claro que são inverídicas e todos os citados investiram a vida inteira em treinamento. Com tantos exemplos exitosos no esporte, por que ainda existem pessoas físicas e jurídicas contrárias ao treinamento? Será mesmo possível que alguém ainda associe a expressão treino especificamente ao esporte? Acredite, é sim.

Eu não preciso disso!

— Eu já sei o que ele vai dizer! São as justificativas do "sábio" colaborador que se recusa a participar de quaisquer processos evolutivos, ainda que a empresa se proponha a investir nele. Essa postura arrogante, cedo ou tarde (quase sempre cedo) há de se confrontar com uma máxima corporativa que nunca esteve tão em voga: ninguém é insubstituível. Prova disso é que o suposto insubstituível se ausenta para os anuais trinta dias de férias e quando volta, escuta a pergunta que nenhuma pessoa gostaria de ouvir.

— No corre-corre, eu nem reparei. Desde quando você estava de férias?

Ninguém está tão pronto que não precise de treinamento. Todos os dias, preciso treinar passos, calcular algumas situações, exercitar novos caminhos, abrir sinapses no cérebro que facilitem a ausência da visão. Se abrisse mão do treino diário, comprometeria eficiência, excelência e segurança, colocar-me-ia, por efeito, em risco.

O atleta profissional leva anos para destacar-se entre os melhores do planeta e todos que chegam lá relatam que o mais difícil é manter o ritmo de treino que permita continuar com o título. É uma batalha, enfim, que inclui aspecto biológico, muscular e psicológico. No biológico, estão cada dia mais velhos e enfrentarão atletas mais jovens. No muscular, mesmo com rigorosa dieta e monitorados por profissionais, tendem a engordar. No psicológico, sofrem a pressão dos concorrentes, da mídia, da família e da sociedade para manter a posição conquistada. Imagine manter tudo isso e enfrentar tanto obstáculo sem treino.

Como deficiente visual, o treino representa estratégia de guerra, sem a qual enfrentaria o mundo "desarmado".

O atleta, por sua vez, não pode se dar ao luxo de dizer que está com a agenda cheia demais e não tem tempo para treinar. Por que seria diferente para os profissionais de áreas variadas?

A carreira prevê idêntica imposição de treino, tanto para os iniciantes que acabaram de se levantar da cadeira universitária, como para os experientes que almejam manter a posição conquistada ou atingir postos mais disputados.

— Treinar colaborador pra quê? Você investe e depois ele sai voando, afinado, e vai trabalhar no concorrente!

Michael J. Fox levou de volta para o passado os empresários que tinham esse argumento na ponta da língua e os deixou por lá. O empresariado contemporâneo depreende novos cenários, segundo os quais treinar faz parte do investimento, com reserva de orçamento anual, equipe interna especializada e profissionais externos à organização, ora contratados para motivar, instigar e inspirar sua valiosa mão de obra.

Não existe ser humano mais cego do que o destreinado, e não existe empresa mais cega do que aquela que se recusa a fazer frente a um programa de treinamento. No mesmo caminho, não existe empresa ou profissional dotados de maior sorte. O que existe é a necessidade periódica que nem todos querem assumir:

1. Planejar o treino;
2. Aceitar e aprovar o treino;
3. Entregar-se ao treino com empenho e prazer;
4. Colocar em prática o que aprendeu;
5. Preparar-se para um novo treino.

olhar 20

Engajamento é dever da empresa e do colaborador

Fernanda, chefe, contratou Mauricio e exigiu o máximo comprometimento de pontualidade. O expediente na empresa se inicia às 8h. Fernanda chega quase todos os dias depois das 9h e tem uma resposta na ponta da língua para oferecer a quem questione: não tenho hora pra sair e não recebo por horas extras, então entro na hora que quiser. Um dia, isso até funcionou. A tendência das empresas modernas é contratar profissionais de todos os cargos que façam gestão do tempo, cumpram horário e evitem expedientes muito longos. Isso significa que o aparente engajamento de Fernanda não passa de desorganização.

Mauricio não teria o direito de questionar a chefe?

Sem engajar-me com a qualidade da carreira que sonhei, não teria ido longe. O compromisso de planejar, assumir e concluir me levou a granjear formações nacionais e internacionais. Como eu nunca esperei contar com patrão, o engajamento foi e continua íntimo.

Cego para a vida é algo que aceitei, mas cego para oportunidades é algo que me recuso.

Assim que encontro uma chance de evoluir um pouco mais, mergulho de cabeça. Levando a análise para a vida no trabalho, tanto a minha como a sua, precisamos ponderar direitos e deveres. Antes de cobrar, deve-se oferecer a contrapartida.

É uma via de mão dupla. Toda empresa deve saber o que cada funcionário espera dela e vice-versa. Esse diálogo é raro. Muitos líderes se ocupam com programas de educação corporativa, e se esquecem que, por trás de programas, existe gente.

A empresa não pode esperar o colaborador mais engajado do mundo sem comprometer-se com ele. O colaborador descomprometido não pode cobrar ou esperar que a empresa assuma compromissos com ele. Devemos cobrar os nossos direitos, como patrões e empregados, com justiça e equilíbrio.

"Nesta empresa valorizamos a meritocracia."

É muito bonito ter um cartaz em letras garrafais com tais dizeres. Demonstra, em teoria, o engajamento da empresa com o colaborador. Entretanto, ao surgir uma oportunidade, promove-se o cunhado do dono. Pronto, vai-se pelo ralo a tal valorização da placa.

"Sou do tipo que não descansa enquanto não bate a meta."

É bacana para o profissional de recrutamento e seleção escutar isso de um candidato. Dois meses adiante, esse que agora é contratado e colaborador da empresa, à véspera de um feriado prolongado, pede para "emendar", alegando que tem uma viagem. O líder, antes de responder, decide acessar o sistema e fica chocado ao descobrir que restam somente 4% para que ele cumpra a meta e a única oportunidade seria o "dia da emenda".

Para onde foi aquele candidato engajado, de discurso infatigável, que tanto encantara ao contratante?

Não existe nada de ilícito em promover um parente ou solicitar dispensa no feriado. Por outro lado, assim como é impossível para o marido explicar o batom no colarinho, é difícil explicar a falta de engajamento. Dá-se a impressão de que o colaborador ficou cego diante dos propósitos da empresa ou vice-versa.

Um novo olhar para o sucesso de pessoas e empresas requer engajamento por igual, além de soterrar o passado de escolhas equivocadas, em que cada qual olhava para o próprio umbigo e todos caminhavam, cegos e de mãos dadas, para o passo seguinte e frustrados.

olhar 21

OS PROBLEMAS DO SETOR VIZINHO

Na infância, quem não teve uma vizinha que adorava furar a bola da garotada, quando essa caía em seu quintal? A vizinha do outro lado, quando ficava sabendo, até se indignava, dizia à molecada que a velha era mesmo uma bruxa, mas não tocava a campainha dela para pedir que não fizesse mais isso e interceder em favor da garotada. Nesse caso, pode-se entender que não era sua "obrigação". Nas empresas, até hoje é assim. Um setor sabe que o outro está fazendo algo errado, mas o responsável prefere ficar neutro, como se o setor vizinho pertencesse a outra organização. A premissa para o seu silêncio acaba por ecoar na lembrança do garoto que teve a bola furada: "não é minha obrigação".

Eu vivo num prédio de fácil acesso, na região central curitibana. Os vizinhos são solícitos, sempre dispostos a ajudar em qualquer situação. Ao sair na rua, na condição de transeunte cego, entendo que todos são "vizinhos". O vizinho da esquerda talvez seja o facilitador para atravessar a rua. O da direita, quem sabe me informe se estou no destino certo. Sem harmonia com os vizinhos, eu lidaria com a cegueira sozinho e a solidão, já diziam os antigos, não é boa conselheira.

No ambiente empresarial, é difícil enxergar setores correlatos como conselheiros, vizinhos, amigos e parceiros. Com isso, entra-se num terreno perigoso: contemplam-se adversários.

Uma das maiores reclamações que escuto dos contratantes de palestras e treinamentos é a dificuldade de interação departamental. Para alguns profissionais, o departamento alheio é pivô de todos os problemas da empresa.

O setor de vendas acusa a turma de compras pela lentidão no prazo de entrega, enquanto este outro reclama que o pessoal de vendas não o deixa cumprir as etapas saudáveis do processo de aquisição. No meio da fumaça de guerra, surge o financeiro a alegar que não se deve estocar para certo cliente. O setor contábil invade o *front* e reclama que o vendedor forneceu um produto não cadastrado, fora do escopo que a classificação fiscal permite à empresa. Finalmente, vem o administrativo e questiona por que cadastrar um fornecedor novo, se já existe um parceiro cadastrado.

Está formada a confusão. Cada líder vai defender a posição de seus colaboradores e o que deveria ser uma simples operação comercial causará uma semana de discussões improdutivas e tóxicas, e-mails ofensivos com cópia para metade da diretoria.

Setores diversificados formam partes da mesma engrenagem e cada briga setorial há de simbolizar problemas estruturais e rotatividade.

Não existe esporte individual. Na hora da atuação, pode até ser uma pessoa, mas enquanto ela compete, um time de profissionais que a acompanha está nos bastidores.

O que seria dos melhores do mundo sem as pessoas que os ajudam a galgar resultados?

Seriam essas pessoas menos importantes, menos campeãs do que o próprio medalhista de ouro?

Trazendo a reflexão para a minha vida, a cada dia surge um membro novo "da equipe", anônimo, que me ajuda a superar questões como movimentação, acessibilidade e segurança.

No corporativo, a cada dia se tem a chance de contar com um profissional de outra área. No lugar de enxergá-lo como um amigo de jornada, um "membro do time geral" com o poder de facilitar o dia a dia, prefere-se vê-lo como antagonista.

Faz algum sentido?

Ficarei feliz se você concluir que **fazia** até aqui.

De agora em diante, talvez tenhamos um novo olhar para os setores, compostos por pessoas e que, por sua vez, são também semelhantes.

olhar 22

A PIOR DECISÃO É NENHUMA

A leoa que teme a caça pode deixar o grupo sem comida por vários dias. Os cascos do búfalo podem destruir a mandíbula e matá-la. Mamãe elefante talvez pisoteie a leoa que, desavisada, tente levar o seu filhote. Entre o risco de morrer em combate por comida ou morrer de fome, a leoa tem a escolha de deixar para amanhã e não tomar hoje nenhuma decisão. Há um problema: sem comer, amanhã terá menos força, agilidade e explosão para a corrida que garante carne. Depois de amanhã, ainda mais fraca e assim por diante. Alguma semelhança com o ser humano que busca realizar os anseios?

Nunca desisti. A jornada de um deficiente visual tem suas óbvias limitações e demanda uma série de recursos. Com o tempo, me acostumei a viver nova rotina e decidi que encontraria meios para preencher aspectos saudáveis da vida pessoal, social, profissional, física, familiar e emocional.

Parar e observar seria equivalente a nada decidir. Antes, concorria com engenheiros e hoje, disputo o palco com os meus pares do setor corporativo-educacional, também conhecido como T&D[2]. Esforço, disciplina, pesquisas e ações diversas ajudaram a encontrar as respostas que a minha nova vida cobrou, e a expressão "nenhuma" não se encaixou em nenhum instante.

As pessoas e empresas que tentam ficar na mesma posição se iludem. A concorrência não permite mais que permaneçam paradas, livres de qualquer decisão. Esse agito provocado pelo mercado obriga a se decidir por quatro alternativas: crescer, administrar, recuar ou desistir.

— Eu sempre fiz assim e tô aqui até hoje. Por que precisaria de você?

É outro perfil que Mr. Fox levou de volta para o passado. A informação circula em âmbito mundial, a cultura deixou de estabelecer limites e os livros antes secretos ou reservados a um pequeno grupo são encontrados com facilidade e gratuidade. Nesse cenário, não sobra espaço ao profissional que "sempre fez assim".

Sem colaboradores preparados a enfrentar novas situações, não faltou empresa que recuasse ou desistisse de operar. A boa notícia é que o Sr. Fox também viaja de <u>volta para o futuro</u>, tempo que está pronto para receber

2 Sigla do segmento da informação corporativa, que significa treinamento e desenvolvimento.

pessoas e empresários habilitados à amplitude dos temas crescer, administrar, recuar ou desistir.

Se um pesquisador me dissesse que identificou, entre os empresários que fecharam as portas recentemente, vários que não tomaram nenhuma das quatro decisões, eu acreditaria. Se outro pesquisador afirmasse ter distinguido muitos desempregados que não tomaram decisão alguma, outra vez, não me atreveria a duvidar.

Recuar ou desistir são ações que não retratam as consequências naturais de quem não assumiu nenhuma decisão, e sim os primeiros resultados, depois dos quais virão a frustração e a sensação de fracasso. Sem demora, sugiro que direcionemos um novo olhar para a vida, acompanhado da decisão que você preferir, desde que não seja nenhuma.

olhar 23

Sucessão é coisa séria e exige visão

Tema de discussão diária e objeto de afirmações que se repetem com palavras diferentes, "sucessão" merece um olhar. Nem melhor, tampouco pior. Quiçá, diferente: o sucesso na sucessão não pertence a alguém, por obtenção. Assumir e vencer repercute em pessoas e circunstâncias, e essas sim se beneficiam do que foi atingido. A quem o obteve, fica a boa oportunidade de curtir o que é "transitório". Em suma, o êxito da sucessão obtido aqui será pequeno, comparado ao sucesso obtido acolá. Sucessor que enxerga agora, imediatista, vê os próximos dias, as próximas horas, curte o que foi conquistado, e age com cegueira face ao que o futuro de conquistas oferece.

Depois de experimentar por um semestre o curso de engenharia mecatrônica, confesso que não gostei muito. Foi na engenharia civil que me encontrei, embora tenha pensado em cursar jornalismo e trabalhar na área do esporte. Entre as três possibilidades, a escolha foi minha.

Meu pai, engenheiro consagrado, só ficou sabendo que eu cursaria engenharia no dia em que mostrei a inscrição do vestibular. Nunca fui pressionado a "seguir os passos de papai", expediente que acontece no dia a dia e gera uma série de problemas a todos os envolvidos.

O pai que pressiona ou mesmo escolhe a profissão do filho se frustrará, e o filho que vive o sonho do pai nunca será feliz. A mesma reflexão se encaixa na hora de passar a batuta empresarial. Ser o herdeiro não credencia alguém a assumir a cadeira diretora legada pela família. O banqueiro sabe disso ao fazer a análise de crédito a longo prazo para a empresa. A própria família, no entanto, nem sempre sabe.

Entre os filhos do Dr. Moreira Jr., oftalmologista que me acompanha, um seguiu o seu caminho profissional, mas o fez por vocação e foi preparado para que tivesse a capacidade de atuar além do sobrenome que carregava, enquanto o outro seguiu rumos diferentes. A flexibilidade do pai garantiu o sucesso de ambos.

O garoto que está prestes a assumir os negócios ou a profissão do pai não pode pensar com imediatismo, nem deve supor que o seu sucesso profissional está previamente garantido. Mesmo que tenha herdado um negócio de sucesso, caberá a ele continuar eficiente e conquistador, em vez de esconder-se na sombra de um sobrenome ou de uma empresa de ótima reputação.

Os pais desse garoto, gestores do negócio, não podem exigir que ele assuma algo que não gosta ou não quer. A história mundial dos negócios confirmou que esse tipo de decisão, analisada e assumida sem critério, corre o risco de ser a encomenda definitiva do caixão que vai sepultar o negócio.

O momento de transferir a gestão de um negócio exige do gestor mais do que apego familiar. Compete a ele pensar que se trata de um processo seletivo como outro qualquer. Desejável seria ter alguém cujo sangue que corre nas veias é compatível com o sangue, o suor e as lágrimas de quem construiu tudo. Porém é a visão romântica. Um novo olhar para o mundo dos negócios reivindica que se utilize pragmatismo.

O Brasil está repleto de empresas que fecharam suas portas porque, no passado, tiveram em seu comando irmãos, filhos, primos e cunhados que não conheciam nada do negócio.

De tijolo em tijolo, constrói-se uma bela casa. De esforço em esforço, estrutura-se excelente empresa ou eterniza-se um sobrenome de peso no setor de atuação. Depois de tamanha dedicação, aquele que vier depois não tem só a responsabilidade de dar continuidade. Carregará sobre os ombros a chance de fazer o mesmo e, se tiver no coração o desejo e a ação de alcançar grandes resultados, fará ainda melhor, desde que cego para o futuro não queira ser ou estar.

olhar 24

A DERROCADA DA EMPRESA E DE SEUS CHEFES

Explicar a diferença entre chefe e líder não é mais necessário. Uma série de teorias esgotou o tema. Quero mesmo é explorar a relação entre a empresa e o chefe. Alberto entrou na empresa no mesmo dia que Claudio e, sem razão específica, "não foi com a cara" de Claudio. Cinco anos mais tarde, Alberto foi promovido a diretor e Claudio, um degrau abaixo da hierarquia, gerente. Seduzido pelo poder, Alberto fez da vida do gerente um inferno. Perseguiu, provocou, aborreceu, constrangeu e castigou. Quis a vida que Claudio desse a volta por cima. Uma decisão do gerente garantiu milionário lucro para a empresa. A matriz o promoveu a vice-presidente, um degrau acima do tirano. Certo dia, ele disse para Claudio: – Eu poderia revidar, mas isso não te ensinaria nada. Você será tratado com a máxima gentileza e vou te mostrar o que é liderança. Você vai conhecer algo que nunca praticou em toda sua vida!

Esconder-se atrás do cargo é pré-requisito da chefia. Dizer "eu sou chefe" é posicionar-se como o cachorro em relação ao poste. O cachorro manda, mas o poste é uma estrutura sólida, sem vida, que não reage.

Cumpre lembrar que o chefe **está** nessa condição, mas não **é** chefe. Se fosse, o seu emprego seria eterno. Hoje, ele pode ser chefe. Amanhã, talvez não.

Não existe quase mais nada que seja inegociável. Toda regra é passível de questionamentos. A própria carga horária semanal de trabalho, regra de ouro a partir da revolução industrial e as consequentes regulamentações trabalhistas, começa a cair por terra, cedendo lugar a expedientes regrados por banco de horas, *home office* e jornada rotativa.

O terno, traje que um dia "destacou" pessoas e empresas bem-sucedidas, tem cedido lugar à informalidade. Depois de muito tempo, o meio empresarial começou a entender que vivemos em um país tropical que pode perfeitamente dispensar a formalidade da vestimenta.

Com todos esses paradigmas questionados, revistos ou quebrados, por que a figura do chefe, tão arcaica, totalitária e incompatível com a era da informação, sobreviveria? Vamos imaginar duas empresas. Chamaremos a primeira de "A" e a segunda de "B".

A empresa "A", que acha suficiente ter um formoso quadro na recepção, com dizeres bem elaborados a teorizar missão, visão e valores jamais praticados, além de cega, está fora do jogo.

A empresa "B", disposta a promover, se necessário for, uma revisão diária em suas políticas, está classificada para o campeonato da excelência empresarial do futuro, onde estarão aqueles que, com efeito, dedicaram visão aos negócios e ao país.

Os chefes, por enquanto, têm emprego garantido na empresa "A". Quando a pressão ou qualquer nova crise empurrar essa empresa ladeira abaixo, o chefe vai junto, de olhos vendados.

Os líderes terão emprego garantido na empresa "B" e as suas equipes enxergam soluções que os times rivais da empresa "A" nem imaginaram, antes de sua derrocada.

Pode apostar que depois de tudo isso, o chefe ou mesmo o dono da empresa "A" vai dizer:

— O pessoal da empresa "B" tem mesmo muita sorte. Nós quebramos e, por enquanto, estão aí, firmes e fortes!

olhar 25

Superação é clichê?

– Babaquice esse negócio de superação. É engodo, falácia de quem não sabe fazer as coisas, não sabe buscar e fica arranjando paliativo. Acordar cedo, ralar, correr, pagar o preço, isso sim é superação. O resto é ladainha.
– Você estava vivo ontem?
– Que pergunta idiota. É claro que eu estava vivo. O que isso tem a ver com superação?
– Se tivesse morrido hoje pela manhã, não teria superado mais um dia e não teria o que alegar.

Dizem que depois de um longo silêncio à procura de respostas que não apareceram, assim acabou a discussão entre os dois amigos.

Finalizada a abordagem que visou gerar reflexões acerca da carreira e do meio empresarial, voltemos a avaliar a vida com mais amplitude.

— O que posso aprender de bom e positivo com a perda da visão?

— Ah, por que isso aconteceu comigo?

A primeira pergunta merece uma resposta contínua. A cada dia, encontro uma perspectiva diferente. A segunda nunca foi objeto de resposta ou mereceu análise profunda.

Superar-se não é um clichê motivacional. Diferente disso, a superação reflete a chance que o ser humano tem para não estacionar o corpo e a alma na rua da mesmice, não ser imobilizado pelo medo, não quedar diante do assédio de doenças como a depressão e, por fim, não tardar mais do que o necessário para realizar os sonhos pessoais e profissionais.

Se a cada dia somos capazes de usar o livre arbítrio e o bom senso para encontrar novas respostas, é razoável afirmar que não existe resposta correta. As perguntas certas, em contraponto, são contributivas ao processo de superação, além de ser indispensável um novo olhar para a necessidade de superar o que vier.

Quando a expressão surge diante da mente, imagina-se um atleta que precisou romper desafios para chegar em primeiro lugar, o empresário que venceu limites para conquistar um espaço na revista, o deficiente visual que precisa superar os obstáculos do cotidiano ou o paciente que venceu o câncer.

Difícil mesmo é inserir o processo de superação na própria vida, em vez de transferi-lo e observá-lo de longe, como se não fosse uma necessidade de cada ser humano, a despeito de posições e circunstâncias.

Quem serve café precisa se superar para agradar a quem é servido. Quem pilota um avião deve superar uma série de possíveis problemas para colocar todos, seguros, em solo. Quem abastece o carro obriga-se a superar o atendimento do frentista concorrente. Quem assina um projeto de engenharia civil se supera para garantir a segurança de todos. Quem fica em casa cuidando dos filhos, carece da superação diária para formar os adultos de amanhã. Quem sonha com uma casa de veraneio e não se propõe superação diária, vai alimentar-se do sonho e distanciar-se da realização.

Em cada profissão, incumbência ou sonho, reside a necessidade de superação. Uma vez menosprezada, se transforma em resignação, característica de quem tem vivido mais cego do que eu.

— Ainda não foi dessa vez, mas uma hora dessas eu chego lá! – costumam dizer aqueles que estão cegos para a superação e de braços dados com a aceitação.

A superação tem outro papel valioso e, dada a correria cotidiana, quase não reparamos. É esse sentimento que revela o propósito por trás de tudo que desejamos. Por exemplo:

Por que decidi ministrar palestras e treinamentos?

Porque por meio das experiências e dos traumas que vivenciei posso ajudar as pessoas, para que tenham uma vida melhor.

Aos olhos da superação e do propósito, todo ser humano deveria responder e reverberar na alma uma pergunta constante: o que me faz levantar da cama?

Um primeiro grupo de entrevistados pode responder: a necessidade de dinheiro.

Um segundo grupo de entrevistados talvez responda de maneira mais abrangente: a necessidade de dinheiro, a chance diária de transformar a minha vida e a existência daqueles a quem amo, a oportunidade de melhorar a realidade dos que trabalham comigo, a "sorte" de sentir o aroma de grama molhada, mais um dia para dar outro passo rumo aos sonhos, outra ocasião para estudar e evoluir.

O primeiro grupo, ainda que enxergue, está cego para a vicissitude diária de superar-se e para o propósito que norteia a vida. O segundo é dotado de um novo olhar para a vida e não conseguirá encontrar fim para as respostas.

No fim, ambos têm potencial para alcançar o que mais desejam, mas reflitamos: quem norteia a vida pelo dinheiro, sem superação ou propósito, dirige, às cegas, um carro em alta velocidade e, para alcançar o que pretende, talvez atropele muitas pessoas pelo caminho. Qualquer semelhança com alguns exemplos que você conheça não seria mera coincidência...

olhar 26

O QUE É AZAR?

O mendigo chama a atenção da imprensa ao encontrar uma maleta cheia de dinheiro e procura o dono para devolver. Sortudo é o dono que vai reaver o montante? Sortudo é o mendigo que exercitou o valor da honestidade? Azarado é o dono do dinheiro, por tê-lo perdido? Azarado é o mendigo que não ficou com o dinheiro? Ou sorte e azar representam, somente, uma lente individual de percepção?

Todos enfrentam dificuldades. Uma amiga que teve câncer comentou que é impossível não envolver amigos e familiares. Eu passei pela transição de uma pessoa que enxergava a cego e, como a amiga, o círculo de amizades e o seio da família fizeram grande diferença para que eu encarasse as fases sobre as quais comentei em outro olhar: aceitação e aprovação.

A provocação desse olhar é direcionada a quem decide ser o problema, em vez de estar com um problema. Conta-se que certa vez, cada um em seu cavalo, os amigos Joaquim e Nelson travavam um diálogo, no mínimo, inusitado.

— Joaquim, meu amigo, a nossa amizade de tantos anos me credencia a abrir o jogo. Vou confessar que sou um cara azarado. Comprei um carro ontem e assim que deixei a concessionária, me envolvi numa pequena colisão. O seguro vai cobrir, mas é muito azar.

— Nelson, Nelson, já te avisei pra não levar as coisas tão a sério. Só por isso você alega que é azarado? Parece-me pouco.

— Se fosse só isso, eu tava feliz. Cheguei em casa mais cedo, queria fazer uma surpresa para a esposa e comprei flores.

— Vou insistir, Nelson. Ainda acho pouco para que você seja uma pessoa azarada.

— Ok, Joaquim. Então prepare-se, aí vem o pior. Minha esposa também tinha chegado em casa mais cedo. Ela disse que achou melhor chegar antes e se preparar emocionalmente, pra dizer que deseja o divórcio.

O amigo pensou um pouquinho antes de responder e arrematou.

— Ok, você possui um carro segurado e, graças ao pagamento do seguro, é possível manter o emprego de vários colaboradores da seguradora. Você comprou flores e ajudou, em tempos de crise, uma floricultura. Agora, vai gerar emprego para um advogado especializado em família. Enquanto muitos estão demitindo, num só dia, você agitou três serviços do mercado, Nelson. Meus parabéns, você é um cara de muita sorte!

Nelson sorriu e replicou.

— É fácil pra você ver os lados positivos. Afinal, o azarado sou eu.

Outra vez, Joaquim pensou, até oferecer um argumento irrefutável.

— Nelson, você disse que é azarado. Antes de afirmar que é isso ou aquilo, não deveria se lembrar quantas características boas carrega? Tenho certeza que depois de valorizar os pontos fortes, verá que não é azarado, mas esteve num dia ruim. A condição de quem é nunca vai mudar, enquanto a circunstância de estar se faz temporária. Não demora muito e você vai ajeitar tudo isso.

O amigo corou, meio envergonhado, e agradeceu.

— Caramba, Nelson. Eu aqui chorando as pitangas sem perceber que o verdadeiro azarado é você, por ter um amigo tão pessimista como eu.

— Essa é a minha sorte. Azar mesmo seria não ter um amigo.

Apertaram-se as mãos com força. Dizem que Nelson nunca mais presenciou as reclamações infundadas de Joaquim, que aprendera a lição.

Eu sou filho, pai, irmão, engenheiro, palestrante, mensageiro, *youtuber*, blogueiro, escritor. Depois de tudo isso, sou alguém que tem reaprendido a viver uma existência que ontem estava descortinada e, hoje, transformou-se em escuridão. Contudo, isso não faz de mim uma pessoa azarada, ninguém merece sentir-se azarado por identidade. Estou condicionado a viver sem enxergar. Porém sou alguém que decidiu viver além disso.

Sou um cara de muita sorte, disposto a pedir auxílio e entusiasmado para apoiar. A pessoa que me ajudou a atravessar a rua, quem sabe, precise de uma mensagem de superação para lidar com algo complicado e estou preparado para auxiliá-la.

Tenho a oportunidade de viver sem enxergar e, ao mesmo tempo, a chance de "enxergar" a singularidade da essência humana, algo que os olhos não precisam ver. É muita sorte...

E você, acredita em azar?

olhar 27

QUEM PRATICA CAPACITISMO É INCAPAZ DE ENXERGAR

Existe um lugar reservado aos preconceituosos. Não é o inferno, nada disso. É o escanteio em vida mesmo. Com a evolução das pessoas e da sociedade, grupos antes avaliados como minoria passaram a ser vistos por meio de uma palavra que mudou tudo: inclusão. Idosos têm recebido especial atenção para que sejam incluídos à vida digital e possam interagir com a conectividade. As pessoas com necessidades especiais têm recebido apoio de autoridades e organizações, para que tenham as mesmas chances de carreira, locomoção e lazer. Ainda estamos longe do "ideal", mas enquanto se luta para incluir, existe quem queira excluir, quem se disponha a alimentar a fogueira do preconceito por meio de brasas que a sociedade procura apagar há muito tempo.

A vida é um campo de futebol. O grande treinador é aquele que procura incluir nas partidas diárias da vida todos os jogadores, inclusive os reservas. Os jogadores são formados por um grupo de pessoas justas. O time rival é constituído por justos concorrentes que também buscam seus resultados. A bola é a oportunidade. O interior das redes representa o sucesso que todos desejam. Na arbitragem, pessoas honestas precisam conferir uma partida válida. No backstage, a turma incrível que cria, organiza, administra e garante o espetáculo. Na arquibancada da vida, amigos e familiares vibram por nosso sucesso. Os encrenqueiros dispostos a quebrar tudo e espancar o semelhante sem piedade são os praticantes de capacitismo. Ainda metaforicamente, a polícia é a fatia maior da sociedade, proba, respeitável, que chutará para escanteio os arruaceiros.

O termo capacitismo simboliza a discriminação contra pessoas com algum tipo de deficiência ou necessidade especial. O objetivo desse olhar não é dar espaço aos discriminadores.

Quero abrir espaço aos que não sabem cultivar nenhuma forma de preconceito ou discriminação: as crianças. Peço licença aos leitores para opinar sobre uma criança que conheço muito bem, o meu filho. E prometo não levar a reflexão desse olhar para um território que seja somente particular, dissociado da proposta que a obra oferece. O relato fará sentido.

Ninguém nasce preconceituoso e nem sabe discriminar. À medida que recebemos informações do mundo, dos educadores, dos semelhantes com quem convivemos, alguns de nós se transformam em adultos preconceituosos e repletos de discriminação. Como eu disse em outro olhar, Gustavo encara a minha deficiência visual com humor, se esconde de mim, esconde a bengala, rouba um pedacinho de carne do meu prato "sem que eu veja" e assim por diante. Como a maioria das crianças, Gustavo não vê a deficiência alheia como algo a discriminar, desonrar, envergonhar ou qualquer verbo terminado em "ar" que os preconceituosos conheçam.

Quem pratica o capacitismo nada enxerga além de si, além de imaginar uma certa superioridade das pessoas sem deficiência alguma, se comparados as pessoas com deficiência. Ignoram que a deficiência deve ser encarada, caso incurável; ou tratada e superada, se possível for. Em ambos os casos, a deficiência em si não coloca ninguém em pé de desigualdade.

Por exemplo, no restaurante, muitas vezes, o garçom pergunta aos meus acompanhantes o que eu gostaria de comer ou beber, em vez de me perguntar.

Nas empresas que visito, é comum a regra de identificar-se na recepção com documento de identidade. Já vi recepcionista elaborar uma pergunta ao meu acompanhante, quase indigna de resposta:

— Senhor, ele tem documento?

Nessas ocasiões, sinto vontade de dizer que acabei de aterrissar de Marte e não trouxe passaporte interestelar, porém me divirto em silêncio, com um sorriso discreto.

Esses exemplos são o capacitismo nível *hard*. Existem outros formatos discretos. Compete dizer que nem sempre as pessoas fazem por maldade. Às vezes, é puro desconhecimento.

— O que um cego faz num estádio de futebol?
— O que um cego faz no supermercado?
— O que um cego faz num restaurante?

Acredite, muitos se fazem essas perguntas.

Cegos se divertem, compram mantimentos, se alimentam e fazem ou precisam das mesmas coisas a que têm acesso quem enxerga. A resposta, embora seja simples, ainda paira sob a névoa do desconhecimento, o que leva este autor a pedir que você, leitor(a), dissemine a informação.

A deficiência não faz de ninguém super-herói e não reduz ninguém à condição de "menos humano". Na balança da vida em sociedade, somos todos cheios de erros e acertos, necessidades e anseios.

Um novo olhar para a vida faculta o entendimento de que a pessoa livre de deficiência tem potencial para aprender e ajudar a quem carrega uma deficiência e vice-versa.

No meu próximo livro, ficarei feliz se a sociedade estiver livre do capacitismo, pois não será necessário abordar um tema que, tomara, esteja vencido e seja só um "hábito ruim" praticado pelos cegos de comportamento que viviam em tempos remotos.

olhar 28

Os amigos das redes sociais

Depois do aniversário da afilhada, indignado, o padrinho da menina telefonou para a comadre.

— Você poderia falar com ela? Acredita que excluiu a foto que postei e as felicitações que enviei?

— Qual foto entre vocês foi excluída?

— Aquela em que eu a segurava na pia batismal, quando completou um aninho. Tá lembrada?

— Eu te escolhi como padrinho da minha filha. Você se emocionou, esteve presente no primeiro ano de vida dela e depois sumiu. No aniversário de 15 anos da menina, em vez de aparecer, para um abraço, desejou "feliz aniversário" pela rede social, postou uma foto de bebê (que hoje não é mais bebê) e que você nunca mais viu, a não ser pelo aplicativo. Acha mesmo que devo interceder em seu favor? Eu vou é pedir desculpas a ela, por ter escolhido tão mal.

A filha, que escutava a conversa, viu a mãe desligar o telefone e disse:

— Viiiiiiiiiiiiiiiiiiiiiixeeeeeeeeeeee. Arrebentou, mamãe!

Preservar e cultivar amizades são atitudes que aprendi com os pais. Desde 1999, meu pai reúne alguns amigos de longa data, seus ex-diretores e colegas do DER – Departamento de Estradas de Rodagem – de Santa Catarina. Alguns deles, mais idosos, estudaram na década de 40 em Porto União, SC e foram colegas de meu avô por parte de mãe, no Colégio São José.

O grupo carrega boas lembranças daquela época. O primeiro encontro foi uma forma de agradecimento. Meu pai os convidou a almoçar e poucas pessoas compareceram. Nos anos seguintes, a reunião dos que estudaram juntos há 70 anos agregariam dezenas. E nesses eventos, de nossa parte, formamos quatro gerações; meu avô, meu pai, eu e Gustavo.

É impressionante a capacidade memorialista dessa turma de amigos. Eles se recordam do nome de todos os colegas da turma que estudou na década de 1940, por exemplo. Essa valorosa experiência que se repete todos os anos traz uma reflexão urgente.

Preocupo-me com o fictício amigo Francisco (que convenhamos, não é tão fictício assim e pode ser encontrado no circuito digital).

Em tempos de redes sociais, o pobre Francisco se preocupa muito com o número de amigos virtuais que tem.

Só 1.500? Preciso de mais gente em minha rede. – pensa Francisco.

Se a pessoa curte o que Francisco postou, é por ele considerada amiga. Caso alguém insira algo que Francisco desaprove, será denunciado, bloqueado ou até excluído em definitivo. Vai-se a "amizade" ao toque de uma tecla. Certo dia, entre uma cerveja e outra, acompanhado por Rômulo (de fato um amigo presencial), Francisco se queixava dessas tantas coisas.

— E tem mais, Rômulo. Agora, será assim. Postou coisa que eu não gosto, tome bloqueio. E se for convicção política, aí será excluído de vez.

— Chico, sou seu amigo há 20 anos. Vou te aconselhar a cair fora da rede social quando o assunto é amizade. Amigo não se mede em quantidade, mas em qualidade. Amigo é aquela pessoa que está sempre por perto ou disposta a aproximar-se assim que se faça necessário. Amigo é aquela pessoa que tem consideração e respeito por você, que fica ao seu lado nas horas boas e também nas horas difíceis. Pra tomar cerveja todo mundo é amigo, mas pra ajudar em alguma dificuldade, nem sempre. Amigo pode ser um familiar, pai, mãe, irmão ou filho. Tudo depende do comportamento e relacionamento que você tem com eles. Muitos são parceiros e estão sempre prontos a ouvir e ajudar. Certa vez escutei, Chico, que o momento da morte é crucial para saber quantos amigos das redes sociais são amigos de verdade. E acho que faz sentido. A pessoa pode ter cinco mil amigos na rede social, mas duvido que 10% compareça ao seu funeral.

— Pô, Rômulo, que análise mais fúnebre. Isola... – e ao dizer isso, Francisco bateu três vezes na mesa em que estavam apoiadas as suas taças. Rômulo sorriu e continuou:

— É verdade, Chico. Tem gente que se diz amiga, mas incentiva a pessoa a fazer coisas que vão prejudicá-la, que se diz amiga e só se preocupa consigo, que se aproveita da dor do amigo pra buscar algum favorecimento pessoal.

— Será, Rômulo? O mundo estaria assim tão complicado no assunto amizade?

— Chico, não confunda. Estou dizendo que os amigos digitais, muitas vezes, têm esse perfil. O verdadeiro amigo, aquele que está próximo de sua vida e distante da tela do computador, nem sempre vai falar o que você quer ouvir, se dispõe a dizer não e, se for importante, será rude conosco. No calor de uma discussão, podemos até não gostar dessa posição franca, porém o futuro mostrará que o amigo fez o que tinha de ser feito para o nosso bem.

Francisco começou a ceder e entender. Olhou bem nos olhos do amigo e devolveu.

— Rômulo, quer saber? Você tá certo. Depois desses toques que me deu, estou quase disposto a encerrar minha conta na rede social.

— Negativo, Chico. Isso é radical demais. A rede social é um bom espaço pra fazer contato constante com as pessoas, mas é importante saber que não substitui a vida real. Valorize os seus verdadeiros amigos, preocupe-se com a qualidade das pessoas próximas a você e tenha um novo olhar para amizades que fazem parte indissociável de sua vida.

Rômulo e Francisco conversaram um pouco mais, trocaram um abraço fraternal e se despediram. Naquela noite, antes de dormir, Francisco divagava sobre a futura visão que teria acerca das amizades e, antes de cair no sono, pensou: uma conversa franca nunca vai substituir o diálogo *in box*[3] , nenhuma curtida tem o valor do abraço e não existe compartilhamento melhor que o sorriso de uma pessoa amiga no semblante. Rômulo estava certo!

---

3 *in box* - expressão adotada pelas redes sociais para simbolizar as mensagens trocadas "na caixa".

olhar 29

Como acessar os caminhos simples

A filosofia um dia foi complexa e quando se descobriu que o pensamento contemporâneo só se comunicava com a simplicidade, resolveu-se facilitar. O Direito, desde Rui Barbosa, foi um tema complexo e continuará sendo, mas as peças estão cada vez menos alimentadas por "juridiquês". A linguagem de sites corporativos, um dia rebuscada, precisou ser revista e até a imprensa, na batalha que garante audiência, trocou a linguagem refinada pela compreensível. E na vida, será que temos escolhido caminhos mais simples ou complexos?

Num cálculo de rota, o GPS considera a melhor informação com a qual foi alimentado e, se o programador falhou, o aparelho indicará caminhos longos, complexos e perigosos.

Para conviver com a deficiência, uso a máxima simplicidade na análise dos caminhos, a fim de facilitar a chegada mais rápida e segura.

No dia a dia, costumamos encontrar pessoas que adoram complicar as coisas, como se vivessem a pensar: pra que facilitar, se é possível complicar?

Um bom exemplo é o cartão de idoso para as vagas preferenciais de estacionamento. Algumas capitais exigem que seja renovado todo ano. Acaso a pessoa deixará de ser idosa no ano seguinte?

Se o secretário de transportes ler a obra, quem sabe venha a enviar um e-mail com a seguinte investida:

— Ah, Gabriel, mas é uma forma de controlar. Se o idoso falecer e algum parente espertinho utilizar a credencial para si, o controle facilitará que se cancele.

A solução é elementar. Basta fazer o sistema que controla o estacionamento "conversar" com o sistema que registra a morte do cidadão e pronto, questão resolvida. Mas vivemos num país que adora complicar e burocratizar.

Alguns amigos de palco utilizam apresentações repletas de efeitos. O primeiro *slide* entra pela parte superior, o segundo vem da parte inferior, o terceiro vem em quadradinhos e o quarto explode em luzes psicodélicas. Em certo momento, a audiência deixa de prestar atenção nas reflexões e só quer saber como será o *slide* seguinte.

Existe quem adore criar processos, relatórios, encher o local de regras. É comum que se invista mais tempo para aprender e atender às regras do que se investe para exercê-las.

— Ah, Gabriel, então se deve tocar tudo na vida sem regras? – perguntará o interlocutor mais conectado com estilo complexo de viver.

É claro que precisamos de regras para manter ordem, padrão, produtividade e excelência. Ao passar do limite, perde-se o sentido e paga-se caro. Não existe, em nenhuma área da vida, processo complexo que seja barato.

Steve Jobs buscou a simplicidade nos produtos de sua empresa. No primeiro *iPod*, declarou que o usuário deveria acessar uma função ou música em três cliques intuitivos e que mesmo com muita tecnologia e complexidade dentro do aparelho, para o usuário, deveria ser simples, agradável e confortável. O número de aparelhos vendidos pelo mundo prova que ele estava correto em sua análise.

As telas *touchscreen* foram criadas para ser descomplicadas. Até as crianças usam o recurso e com o dedinho encontram o seu jogo preferido ou acessam a internet.

A simplicidade é o melhor caminho e não falta quem pense o contrário, que defenda o produto ou programa como melhor por ser mais complexo, ou quem pense que falar difícil é demonstrar mais inteligência.

O resultado é oposto e não demora muito para que o interlocutor perceba que os argumentos para sustentar o assunto foram substituídos por falácia. O político, para exemplificar, é "mestre" em fazer isso. Num debate, o jornalista pergunta o que fará para erradicar a fome e o político responde.

— A fome é um problema que assola o planeta inteiro e, desde os primeiros habitantes do mundo, adquirir alimento é uma necessidade diária. Nosso programa está ciente de que algo precisa ser feito e mesmo que as intempéries prejudiquem a lavoura, conseguiremos meios para discutir a problemática em todas as regiões do país, começando pela educação, pois quando os mais pobres recebem o merecido acesso à cultura, tudo se torna mais fácil. Vamos alimentar a alma e, em seguida, nosso programa vai mostrar que a fome pode ser vencida.

Ou seja, o debatedor falou, falou, enrolou, complexou o simples e nada disse.

Duas orientações valem ouro em busca da simplicidade que nos abre os caminhos da vitória em todas as áreas:

1) Seja simples e objetivo em suas colocações. Se pretende negociar um aumento de salário, prepare-se, municie-se de motivos justos e converse com o líder. Entrar no jogo de "dar indiretas" ou blefar, alegando que pretende deixar a empresa porque tem outra proposta pode ser prejudicial. Blefe se usa em jogos de azar e o emprego é coisa séria;

2) Ao identificar que o amor de sua vida tem estado distante da relação, faça aquilo que é mais simples. Vá, abra o coração e diga com todas as letras. Vivendo sob o piloto automático da correria cotidiana, nem sempre se percebe isso e convenhamos, ninguém tem bola de cristal para adivinhar o que você quer;

3) Assuma certo cuidado com as teorias da conspiração. É mais simples investigar, pesquisar ou perguntar a quem entenda, por exemplo, a influência da taxa Selic em seu financiamento imobiliário, do que acusar governos estrangeiros de estarem contra os brasileiros.

Em cada área da vida, pense nas coisas simples e tente fazer as coisas com simplicidade. Os benefícios surgirão com o mesmo desembaraço.

Num mundo que exige celeridade, a atitude de resolver as coisas com simplicidade aumenta a eficiência e acelera a produtividade, sem comprometer o resultado.

Às vezes, tudo que a gente precisa, portanto, é de um novo olhar para a vida, que permita explorar as belezas da simplicidade e, estrategicamente, nos mantenha cegos a tudo que possa complexar a evolução diária.

olhar 30

A DATA DE VALIDADE DA EXPECTATIVA

Com o livro prestes a ficar pronto, amigos de confiança e familiares estavam cheios de curiosidade. Isso é expectativa. Ora, um livro é a oportunidade de garantir a continuidade das ideias e, por isso, a expectativa deles faz sentido. Preocupante é ver alguém às vias de conquistar o maior sonho com a mesma expectativa de quem vai até a padaria comprar pão. Isso é indiferença. Ainda inquietante é ver a pessoa insone, sem vontade de comer, tensa e perturbada. Isso é ansiedade. Logo, temos o direito de escolher entre expectativa, indiferença e ansiedade. Eu fico com a primeira. E você?

Imagine que a expectativa seja um remédio. Aos que têm pouca e quase nada esperam da vida, a medicação seria perfeita, já que precisam de certa dose. Aos que sofrem com excesso de expectativa, esse remédio só faria aumentar ainda mais o sentimento, até torná-lo ansiedade e, quem sabe, se evoluir, até mesmo depressão.

Como todo remédio, é fundamental conferir a data de validade. Se a expectativa condiz com o que se espera para aquele momento, será um bom sentimento. Por exemplo: a pessoa vai prestar concurso para o emprego que garantirá vaga no setor público, que sempre sonhou.

Um pouco antes e um pouco depois da prova, a expectativa é compreensível e positiva, ao passo em que alimentar essa expectativa a partir do dia seguinte e até que se decrete o resultado será nocivo.

Alguém já lhe recomendou um restaurante?

— Nossa, você precisa conhecer aquele lugar, é muito bom. Comida espetacular, música ao vivo, ambiente climatizado e atendimento de alto nível.

Com tamanha indicação, a tendência é que se vá ao restaurante e se espere algo de outro mundo. A expectativa estava no alto. Esse tipo de situação cria um estado de ansiedade e, quando acontece, ficamos com duas opções: a primeira é encontrar algo positivo que valide a indicação e achar-se-á o lugar muito legal, conforme foi indicado. A segunda, que acontece com frequência, é frustrar-se porque o restaurante estava bem abaixo "do esperado".

Na vida, nos relacionamos o tempo inteiro, e assim como esperamos algo dos outros, também esperam de nós. A primeira expectativa que requer cuidado é a nossa. Impactamos e somos impactados por muitas pessoas do trabalho, de casa, do relacionamento amoroso. As decisões que tomamos representam se esse impacto será positivo ou negativo e, quase sempre, o norte da decisão é a expectativa.

Cabe a cada um entender se as próprias decisões vão gerar mais ou menos expectativa e impacto na vida das pessoas.

Que tal um novo olhar para as expectativas pessoais e alheias?

Imagine que possa compor uma lista de todos que terão algum tipo de interesse em sua escolha. Por exemplo, vamos supor que Carlinhos, aos 18 anos, deve decidir se solicita agora ou mais tarde a sua carteira de habilitação. A decisão vai gerar expectativa e impacto em quem? Além disso, o que se pode fazer para reduzir os negativos e aumentar os positivos? Vamos analisar...

A seguradora do pai de Carlinhos, que garante o seu veículo contra colisão, furto e roubo, terá uma expectativa negativa, já que agora um jovem de 18 anos que mora sob o mesmo teto poderá dirigir o carro, o que a fará aumentar o preço do seguro.

A namorada de Carlinhos terá impacto e expectativa positivos. De agora em diante, poderão sair com mais segurança e conforto.

A mãe de Carlinhos terá o impacto positivo de ver o filho habilitado, mas a expectativa negativa de pensar que às vezes Carlinhos bebe com os amigos.

O próprio Carlinhos tem total impacto positivo. Está assumindo um direito que a lei garante. Por outro lado, se estiver com a expectativa muito aflorada, a ansiedade pode atrapalhar no exame prático. Do contrário, com expectativa controlada como uma dose de remédio, fará tudo certo.

Em contraponto, para amenizar o impacto e a expectativa da seguradora, o jovem pode propor ao pai que ele, Carlinhos, assuma a diferença no valor que será cobrado do seguro, agora que está habilitado. Quem sabe ele possa ainda assegurar à mãe que pode dormir tranquila, pois se um dia tiver bebido, usará o táxi.

Amenizados o impacto e a expectativa alheia, Carlinhos tem agora a chance de ser feliz e habilitado. Com isso, nosso jovem exemplificado mostra que sabe fazer escolhas. A despeito da pouca idade, Carlinhos sacou algo importantíssimo: aquilo que é incrível e maravilhoso para nós nem sempre é para os outros, e vice-versa.

Ao Carlinhos e aos leitores, incluindo-me, fica a incumbência diária de entender que é bem mais fácil lidar com as expectativas do que com as frustrações advindas por ignorá-las ou por aceitar ser refém delas, lembrando que quase sempre os reféns têm sobre os olhos uma venda que os proíbe de enxergar.

E para fechar, lembre-se sempre de conferir a data de validade das expectativas. Se o sonho não é do coração, e sim fruto de um desejo temporário, vai vencer rapidinho...

olhar 31

COMO IDENTIFICAR A DIFERENÇA ENTRE ELOGIO E BAJULAÇÃO

Quem assistiu ao filme "Uma linda mulher" bem sabe a diferença. A personagem de Julia Roberts, Vivian, tenta comprar artigos numa loja especializada na alta sociedade e é hostilizada pelas vendedoras. No dia seguinte, o milionário personagem Edward Lewis, estrelado por Richard Gere e contratante dos serviços de Vivian, fica sabendo da situação e a conduz até outra loja. Chegando lá, alega que vai gastar uma cifra exorbitante e exige do gerente o máximo de bajulação. Ao deixarem a loja, com as mãos cheias de sacolas e, dessa vez, trajada como elegante dama da sociedade, Vivian entra na loja em que antes fora agredida. As mesmas vendedoras não a reconhecem mais. Disparam um olhar de admiração e oferecem o melhor sorriso, na tentativa agradar. A protagonista dá aquela esnobada e fecha com a pergunta: "que pena, acho que vocês recebem por comissão, né?".

A maioria, se não gosta de qualquer coisa, critica. Se gosta, não diz nada. Esse silêncio não passa despercebido pela outra pessoa, que conhece a capacidade crítica daquele com quem convive e não conhece a sua habilidade em elogiar.

Por mais humilde e desprendido que seja o semelhante, um elogio franco será positivo e agregador. Vamos imaginar, outra vez por meio de personagens fictícios, a vida do casal Alfredo e Lígia. É uma relação de amor, paz e cumplicidade que dura mais de 20 anos. Um terceiro personagem, Roberto, amigo de Alfredo, certa vez perguntou:

— Alfredo, assisti a uma palestra e o orador insistiu que devemos elogiar a esposa com sinceridade. Eu até concordo com ele. Sou casado com uma mulher maravilhosa, mas esse negócio de ficar elogiando me parece bajulação. Como sou casado há pouco tempo, achei melhor perguntar pra quem entende. Você, que tá casado por duas décadas, poderia dizer como posso elogiar minha esposa sem parecer adulação?

— Veja só, Roberto, você perguntou e respondeu. Ao dizer que eu entendo disso só porque sou casado há 20 anos, você me bajulou, já que elogiou mesmo sem conhecer a minha rotina. E ao dizer que a sua esposa é maravilhosa, você fez um elogio sincero. Concordo com o palestrante e é isso que você deve fazer: elogiar com a mensagem que vem do coração e evitar o protocolo, a conveniência.

Esse breve diálogo entre o iniciante Roberto e o experiente Alfredo mostra a importância de não ser bajulador e o cuidado que deve ser tomado para que se façam elogios sinceros.

Bajular ou ser puxa o saco é dizer a outra pessoa o que ela pensa acerca de si, e a diferença entre o elogio e a bajulação é básica: um é sincero e o outro, falso. O primeiro vem do coração e o outro, da boca para fora. Um é altruísta e o outro, egoísta.

O poder da escolha entre elogiar ou ignorar um talento, uma atitude, pertence a cada um de nós.

Minimizar o erro e enfatizar os acertos não é só atitude nobre. Representa a certeza de que se está atento ao novo olhar que a vida merece.

olhar 32

O MEDO DE FRACASSAR NÃO EXISTE

O inverno estava rigoroso naquele ano. Era uma manhã nublada de segunda-feira. Osmar foi capaz de deixar a cama, caminhar, trabalhar, voltar, aproveitar o tempo em família e descansar para o próximo dia. E fez tudo isso. No mês seguinte, tudo mudou. O medo deixou Osmar na cama, o deprimiu a ponto de não andar. Nada produziu, do quarto não saiu e a família quase não o viu. Seis meses depois, Osmar estava internado, deprimido, com a mente aflita e o corpo comprometido. O psiquiatra perguntou se acaso Osmar tinha ideia do motivo que desencadeara a doença.

Num lampejo de consciência, ele respondeu:

– Estava concluindo a negociação que me faria um grande executivo. Por uma falha tola, perdi a chance. Agora que me perguntou, acho que tive medo do sucesso.

Pedirei um pouco de paciência aos psicólogos ou psiquiatras que acompanham os textos da obra. Eu sei que a afirmação é polêmica e evidencio que não pretendo quebrar protocolos. Vou apresentar um novo olhar para o sucesso, expressão "grande" que pode gerar muito medo.

Bernardinho narra que antes da final da Olimpíada de Atenas, em 2004, conheceu um pouco desse medo. Como será se vencermos hoje? As vitórias nos últimos anos colocaram uma enorme responsabilidade sobre os nossos ombros. Imagine, então, se conquistarmos esse ouro. O que virá? Provavelmente a obrigação de vencer sempre, a insuportável cobrança de que nada do que fizermos daqui pra frente poderá ser menor do que perfeito – teria pensado o técnico.

A reflexão de Bernardinho é compreensível. O medo do sucesso pode neutralizar. Por um breve instante, o consagrado técnico especulou, na intimidade, se não seria melhor perder para os italianos, ficar com a prata, que é também uma bela medalha. O time sairia enriquecido por ter aprendido ao fim de uma estrada de vitórias. Ato contínuo, tratou de afastar o pensamento rapidinho e se concentrou outra vez no propósito de vencer. Na ocasião, a seleção brasileira ganhou o jogo e ficou com o ouro.

Se até um dos melhores técnicos do mundo, ainda que por um instante, sente medo do sucesso, é razoável defender que a maioria das pessoas também possa sentir.

Muitas vezes, de forma involuntária e inconsciente, são colocadas barreiras, sabota-se o potencial e quando se dá conta, perdeu-se o trem do sucesso que de modo algum se propõe a esperar que os passageiros lidem com os próprios medos antes do embarque.

Temer o fracasso, nesse sentido, não existe. O que se teme é a mudança que vem com o invólucro do sucesso, como a mudança no padrão de vida e a exposição às críticas. Para não lidar com tais circunstâncias, uma voz no inconsciente profundo sussurra:

— Deixe do jeito que tá e fique quieto, no seu canto!

Um novo olhar para tudo isso sugere que é bom duvidar dos próprios pensamentos, ser um pouco crítico e questionar as suas ideias.

Quem supera o medo do sucesso, ganha da vida uma lupa que revela o lado bom das coisas próximas e desfoca as coisas negativas que, mesmo distantes, têm o poder emocional de embaralhar a visão.

Quem supera o medo do sucesso, ganha da vida um binóculo que apresenta os sonhos alcançáveis a longo prazo, e desfoca as coisas negativas que estão próximas, servindo de obstáculos imediatos.

Quem supera o medo do sucesso, descobre que o medo do fracasso é uma ilusão criada por nossos antepassados, que não conseguiram explicar algo simples: o pacote do sucesso impõe medo.

olhar 33

A ARROGÂNCIA PODE CEGAR ALGUÉM

Em fila indiana, caminhavam, desertores, sobre a ponte que talvez levasse todos ao dissabor. "Antes encarar o desconhecido revés do que continuar nessa situação" - diziam. Conta-se que essas pessoas viviam num reino cujo governante, de tão arrogante, apresentou o decreto: – Quem aqui viver, não há o que temer, mas terá de obedecer. Quem daqui partir, pode seguir, não irei perseguir, mas abra o olho ao dormir.

Reitero, sem nenhum problema, que preciso de ajuda para fazer coisas que fazia sozinho, quando enxergava. Entre a) pedir ajuda e fazer aquilo que quero; b) tentar fazer sozinho e me colocar em risco; e c) ficar em casa e nada fazer, fico com a primeira alternativa. A regra serve para as coisas simples como atravessar a rua, ir ao mercado, ou ações complexas, como viajar até outro município.

Reconhecer a necessidade de ajuda não é ser inferior a ninguém, é apenas ser humano. E não se deve confundir humildade com submissão. Para reforçar essa premissa, proponho estabelecer a diferença entre ambos.

A pessoa humilde sabe que não entende de tudo e busca conhecimento, enquanto o submisso aceita qualquer informação que venha dos outros.

Quando cursava a faculdade de Engenharia Civil, dividia o apartamento com um amigo que se formava em Direito. Lembro-me que um dia ele relatou uma discussão em sala de aula, por causa da arrogância de um colega.

O professor perguntou quantos por cento os alunos supunham conhecer de um novo código, lançado poucos meses antes dessa aula. Um dos alunos levantou a mão e afirmou que conhecia uns 90%. O professor ficou surpreso e respondeu, para o seu total constrangimento.

— Eu acho que conheço uns 15, talvez 20%. Então, acho que deveríamos trocar de lugar.

Isso acontece todos os dias em variadas situações da nossa vida. É complicado entender, mas tem muita gente que julga saber tudo sobre tudo. Quem se atreve a afirmar que não conhece ninguém com tal perfil?

Ser arrogante significa ter a convicção de que é perito em vários assuntos e, por isso, não tem interesse em ouvir outras opiniões.

De modo geral, o arrogante é vaidoso. Quando fala, a conversa precisa girar em torno dele e se por alguma razão deixa de ser o centro das atenções, ai, ai, ai...

A arrogância é reflexo de uma experiência de vida limitada e da preocupação contínua em demonstrar "superioridade" diante de pessoas, ações, ideias, planos e estratégias.

As pessoas arrogantes quase sempre são inseguras, não aceitam questionamentos, acham que são as únicas com capacidade para fazer as coisas, como se existisse o jeito certo delas e o jeito errado de qualquer pessoa.

A arrogância caracteriza ainda a falta de humildade, e não tem nada a ver com dinheiro, independe de ser pobre ou rico.

Nas empresas, o humilde tem noção de sua ampla limitação e busca desenvolver as questões pessoais e profissionais, enquanto o arrogante se mostra contrário a qualquer nova informação, venha de quem ou de onde vier.

O arrogante é orgulhoso por natureza, e o humilde sente o orgulho pontual por cada conquista.

A pessoa humilde está ciente de que o sentimento de orgulho deve ser fugidio; conhece a diferença entre ter orgulho por um grande feito ou ser orgulhosa com as pessoas e as circunstâncias.

A pessoa humilde dificilmente chega a conhecer o preço da arrogância, pois sabe que não é barato e tem ideia de quanto tempo precisaria para normalizar os efeitos de uma atitude arrogante, ao passo que a pessoa arrogante não se preocupa com esse preço.

Diferenciar o arrogante do humilde na mesma situação é fácil. Basta apresentar uma disputa idêntica, dificílima e perguntar se estão dispostos a realizar. O futebol é ótimo exemplo.

O zagueiro arrogante que pensa ter talento para atacar abaixa a cabeça, endurece o corpo e sai atropelando todo mundo, avançando rumo ao outro lado do campo. Com certeza vai perder a bola antes do meio-campo e entregar o jogo ao rival.

O zagueiro humilde levanta a cabeça, localiza quem está desmarcado, passa a bola e volta com velocidade para a defesa. E, se arriscar subidas ao campo adversário, com certeza foi autorizado pelo técnico, antes de entrar em campo.

Ambos têm o dom de enxergar. O primeiro zagueiro foi cegado pela arrogância. O segundo tem um novo olhar para cada partida, para o time, a vida e o futuro.

olhar 34

A SOLUÇÃO ATITUDINAL

– E vamos ao que de fato importa, atitude. O propósito da reunião é discutir o que tem sido ou será feito. Todo mundo de volta às mesas. Quero ver a meta batida três dias antes do término do mês. Vou fazer a minha parte imediatamente e conto com vocês!

As palavras do líder finalizaram a reunião daquele início de mês. A cada conquista para bater a meta, ele reunia seus colaboradores, ao fim do dia, para reuniões de cinco minutos, em que narrava os feitos e suscitava novas façanhas.

A meta foi batida e, no fim, o líder disse, com absoluta sinceridade:

– No início do mês, cobrei atitude. Durante todo o mês, vocês tiveram atitude. Agora, a minha atitude não poderia ser outra: muito obrigado pela chance de liderar o grupo!

Conta-se que esse líder cumpriu a meta mensal por 17 anos, até que decidiu viver a atitude empreendedora de estabelecer a própria empresa, cujo nome qualquer brasileiro conhece.

Conta-se ainda que a empresa que o teve como colaborador nesses 17 anos tem um busto desse líder na recepção. Se eu contasse quem é, na vida real, o líder de tantas conquistas, você o reconheceria.

A atitude dele é mais importante que a revelação de sua identidade. Ou, quem sabe, seja outro fictício personagem da obra e não exista. Se assim for, acabamos de imaginar o modelo ideal de uma pessoa que conhece solução atitudinal...

Procurado por um grupo de alunos para ajudar num trabalho de mobilidade, resolvemos filmar problemas de acessibilidade. Bastou andar uma quadra para registrar situações bem claras da dificuldade de locomoção, como carro estacionado sobre a calçada, orelhão sem proteção, buraco e obra não sinalizada.

Fala-se muito no direito de ir e vir. Esse direito não deve ser validado somente aos que não portam limitações. O deficiente físico, visual, os pais com carrinho de bebê ou a pessoa que se machucou também precisam de acesso seguro.

O censo de 2010 promovido pelo IBGE informa mais de 45 milhões de pessoas com deficiência no Brasil, sem contar o número crescente de idosos.

Se a pessoa não morrer jovem, será idosa e vai precisar de acessibilidade em formato de rampa, corrimão, piso tátil, elevador e o mais importante: acessibilidade atitudinal.

A acessibilidade física se discute por meio de leis e normas técnicas que resultam em acesso material, que se possa tocar. Porém acessibilidade não se resume ao que está escrito na lei. A acessibilidade atitudinal é que faz a diferença.

Começa com a empatia, o exercício de imaginar como o semelhante vivencia a situação, o que ele precisa para chegar ao lugar desejado. Ao se entender a necessidade do outro, é muito fácil promover acessibilidade.

É nesse território que entra em cena a acessibilidade atitudinal, a mudança de atitude que deve estar presente em nosso dia a dia, com ações pequenas, nobres e muitas vezes imperceptíveis, como não parar o carro em frente a uma rampa de acesso, por exemplo.

Você já reparou como é o entorno da sua casa?

Quero te propor um desafio. Hoje ou amanhã, quando chegar ou sair de casa, dê uma olhada em seu caminho e confira se é acessível.

Se você ou algum familiar tivesse, ainda que temporariamente, alguma dificuldade de locomoção, conseguiria fazer esse caminho do jeito que está?

A acessibilidade é fator-chave para a inclusão eficaz. Se a cidade oferece todas as condições para uma pessoa circular livremente, pode-se afirmar que é eficiente.

No outro extremo da análise, a pessoa com deficiência que é obrigada a ficar trancada em casa porque a sua cidade não oferece estrutura que facilite autonomia de ir e vir, de ficar onde quiser, não pode ser entendida como deficiente, já que tem o desejo e não pode sair.

Nesse caso, deficiente é a cidade.

Ao executivo responsável pela cidade, o prefeito, compete a solução atitudinal em massa, a construção de acessos, a liberação de obstáculos e o reparo de buracos.

Essa análise é macro e olha para o todo. Um novo olhar para a acessibilidade abre a importância do debate acerca de soluções atitudinais no campo pessoal, aquilo que eu, você e todos os cidadãos podem fazer para entender e apoiar esse debate.

Vislumbrar a acessibilidade como uma demanda importante apenas para as pessoas com necessidades especiais é como pensar no futuro sem imaginar que um dia também seremos velhos e não há nada de atitudinal nisso.

olhar 35

Um novo olhar para o passado

"O que passou, passou" não diz nada, nem leva em conta a existência de ninguém. Ao contrário, ignora quem passou e o que viveu. "O que passou, mudou" é vago, posto que nem toda mudança beneficia muitos. "O que passou, interessou", esse sim deveria ser o linguajar que cai na boca do povo.

Um dia, eu enxergava, e hoje, sou cego. Se decidisse olhar, saudosista e melancólico, para o passado e a vida que jamais terei outra vez, perderia a oportunidade de viver o presente e, por efeito, lançaria mão de um futuro que, para ser promissor, só depende de mim.

O passado pode e deve ser valorizado, mas deve-se viver a partir do que acontece hoje. A reflexão serve para mim, que não enxergo e para você, que tudo vê.

Certa vez, conversava com a minha avó. Uma conversa puxou outra, ela pediu licença para buscar algo e voltou com diversas fotos. Descreveu imagens e contou histórias daqueles tempos que marcaram as décadas de 1940 e 1950. Foi muito legal ouvir tudo aquilo, conhecer e entender um pouco como as coisas funcionavam. Depois, voltamos o pensamento ao presente e nos divertimos outra vez.

Na contramão, não é nada legal ficar preso e viver no passado.

— Quando eu tinha sua idade, era assim que as coisas funcionavam.

— No meu tempo, filho não questionava pai.

— Naquela época tudo era muito melhor, não era essa loucura dos dias atuais.

Quem faz uso dessas expressões vê o presente como inimigo e o passado como pobre coitado, sequestrado pelo avanço do tempo.

Pensar que só as coisas do "seu tempo" eram boas é uma escolha que deixa o ser humano, emocional e filosoficamente, cego.

Aos poucos, sem desenvolver um novo olhar para a vida e desapegar-se do passado, a pessoa ficará chata. Eis alguns "sintomas" que merecem atenção e fazem com que a pessoa fique presa ao passado.

- Nunca aceita um convite para confraternização, arguindo que hoje é perigoso sair de casa;
- Não se informa e, quando questionada, diz que a informação dos dias de hoje "não vale nada";
- Não se relaciona, alega que já foi traída e "está fora" desse tipo de assunto;
- Não lê, pondera que os livros de seu tempo eram excelentes, mas hoje são "perda de tempo";
- Não se socializa, diz que em seu tempo existiam bons diálogos, e hoje é só futilidade;
- Dificilmente faz viagens que exijam alguns quilômetros e não vive, não degusta o valoroso presente.

Dizem que quem vive de passado é museu. Vale outra análise.

Viver só do passado nos deixa cegos para a perspectiva de futuro, e o encontro com a felicidade requer um novo olhar dos fatos. Aquilo que já aconteceu deve permanecer no imutável passado e o pensamento deve mudar.

Eu poderia recomendar o clichê "aprender com o passado para mudar o presente". Como essa necessidade é de conhecimento comum, posso sugerir que devemos promover uma mudança de perspectiva. Vou dar um exemplo pessoal.

Uma vez, para alimentar o meu canal no Youtube – e convido os leitores a visitá-lo, por meio do seguinte link: www.youtube.com/c/gabrielmetzler – fui gravar um vídeo em praça pública, na região central de Curitiba. O ruído dos carros e das pessoas me impediu. Na hora, entendi que tinha perdido tempo e não gostei.

Mais tarde, pensando um pouco melhor em casa, entendi que não fui assertivo ao escolher o horário. Ou seja, mudei a perspectiva.

A praça continuava a ser um lugar lindo, cenário de fundo perfeito para uma gravação em vídeo e dali em diante, só precisaria escolher outro horário. Mais simples que isso, impossível. A experiência serviu para elaborar dois detalhes significativos:

> 1) O que aconteceu no passado para não dar certo esconde alguma pequena e crucial particularidade. Esse pormenor é o combustível para dar certo no presente;
> 2) No breve instante em que me aborreci com a situação da praça, estive cego "de verdade".

Farei uso da segunda constatação para agradecer a você que se dispôs a ler todos os olhares da obra e, se me consente, vou registrar a pergunta cuja resposta abreviará um novo olhar para a vida: você também vivencia situações cotidianas que resultam num breve aborrecimento?

Sendo positiva a sua resposta, seja bem-vindo(a) ao time daqueles que têm a coragem de assumir, cegos ou não, que às vezes não enxergam a perspectiva ideal.

Assumir essa cegueira temporária é como comprar uma bússola que indique um novo olhar para a vida.

Eu assumo, com a humildade de um ser humano que tem o direito de errar: às vezes, posso estar cego, mas nunca serei cego à frente de escolhas e oportunidades.

E para finalizar, dedicarei uma mensagem, um carinho extra aos leitores.

Na minha infância, os autores se posicionavam num intocável pedestal de superioridade. Os leitores, ainda que desejassem, não tinham a oportunidade de conversar com esses autores.

Vivemos novos tempos e o meu novo olhar para a vida pede que você faça contato, comente o que a obra gerou de percepções, critique, elogie, faça o que desejar. Talvez eu demore um pouco para responder em consequência dos compromissos, mas se você enxergou a importância de trocar ideias comigo, ou quem sabe de solicitar treinamentos e palestras em sua empresa baseados na obra, não ficarei cego diante de sua mensagem. Aí vai o meu e-mail: contato@gabrielmetzler.com

E, agora, vou cumprir aquilo que prometi no início da obra: contar como e porque fiquei cego. A condição de deficiente visual ficou como derradeira e instrutiva informação.

Vou ficar contente se você usar o trecho a seguir para educar as crianças e os adolescentes a respeito dos *fogos de artifício*.

olhar 36

O PASSADO COM UM NOVO OLHAR

Colocar uma pedra no passado funciona tão bem como varrer a casa e esconder a sujeira debaixo do tapete. Os visitantes não sabem o esconderijo secreto da sujeira. Mas, a cada dia, quem escondeu vai pensar que ali está algo que precisa ir embora. Em outras palavras, costuma-se empreender esforços para esquecer um passado que nunca será esquecido.

Sofrer com esse passado é opcional. Os ensinamentos advindos de eventos são como ingredientes e todo grande chef sabe que o melhor prato de hoje é o que deu errado ontem, assim como o melhor prato de amanhã será o que não ficou magistral hoje. Enquanto esse prato é aprimorado, o cliente, ou seja, a vida, nos espera.

— Ei, passado, quem és tu?

— Sou o que se foi. E tu, quem és, aonde vais?

— Sou o presente. Aqui fico e passo ao futuro o resultado do que fiz. Amanhã, esse futuro vai me considerar como tu te consideras: o ido. Entendes?

— Confesso que não. A relação entre você, presente, e esse tal de futuro é confusa demais pra mim. O acesso a minha existência é simples. Basta que se pense no que aconteceu e ponto final. No caso de vocês, um deve fazer e o outro repercutir o que será feito. Vocês são mesmo muito estranhos!

Assim acabou a breve conversa entre os senhores passado, presente e futuro.

Na obra, defendi que se viva o presente, sem grilhões do passado, sem o calabouço da ansiedade. Igualmente breve será o relato de como o passado me tornou cego. Já o futuro, que me possibilita um novo olhar para a vida, esse sim será estratégico e longo, assim como desejo que seja o seu.

O ano era 1998. O dia, 13 de junho. A tarde de sábado previa festejos típicos das tradicionais festas juninas, com fogueira, pipoca, pinhão, quentão e fogos de artifício. Cinco amigos estavam reunidos, todos jovens, munidos da inesgotável curiosidade que cerca a vida de adolescentes.

Sem noção alguma do perigo a que estariam expostos, em busca de algo divertido, surgiu a ideia de preparar uma bomba caseira. Naquele dia, haveria festa junina da escola onde estudavam. Inspirados pelo clima de festa e fogos de artifício, surgiu a equivocada ideia. Eu era um desses jovens. Fomos ao mercado e compramos duas caixas de foguetes, com 12 unidades em cada. Por lei, não poderíamos ter realizado tal compra, permitida aos maiores de idade, porém não fomos barrados.

Efetuada a compra, fomos até a casa de um amigo. No caminho, soltamos alguns fogos. E ainda disparamos outros, após a chegada. Do total de 24, sobraram cerca de 17 foguetes.

Na casa de nosso amigo, procuramos um objeto para alojar a pólvora retirada dos foguetes. Encontramos um pedaço de cano de PVC. Fechamos uma das extremidades com jornal e começamos o desmonte. Em seguida, fechamos a outra extremidade com jornal e fomos procurar algum objeto que pudéssemos utilizar como estopim, já que a bomba estava devidamente lacrada.

Surgiu a ideia de usar um espeto de churrasco e aquecê-lo para perfurar o PVC. Decidimos fazer o furo no cano e inserir o estopim.

Levamos a matéria-prima da bomba, o cano de PVC e o espeto até a cozinha. Próximos ao fogão, eu aqueci o espeto e outro amigo segurou o artefato. Assim que a ponta do espeto ficou abrasada, o amigo posicionou a bomba sobre a bancada, ao lado do fogão.

Encostei o espeto no cano de PVC, que foi facilmente transpassado. Não percebemos um detalhe: a pólvora no interior do cano explodiria em contato com o espeto incandescente.

A relação entre espaço e tempo, por breves segundos, pareceu não existir. Se existe alguma maneira de explicar o nada, o vazio, a total inexistência, aqueles segundos servem para retratar.

A bomba explodiu em nossas mãos.

O momento foi presente, mas em breve seria o passado a

afetar nossas vidas, dos familiares, dos amigos e de toda a pequena cidade que se comoveu com a gravidade do acidente.

Na adolescência, muitas vezes a curiosidade supera o medo, a ansiedade supera a razão, a inconsequência supera o desconhecimento e a vontade supera tudo.

Em nenhum instante, pensamos que haveria problema. Tudo que queríamos era ouvir o barulho da explosão criada por "nossa" bomba, na rua, bem longe daquela cozinha.

Segundo os relatos, realmente o barulho foi escutado muito longe dali. Em vez da alegria de ter conseguido montar uma bomba, lidaríamos com as consequências da explosão.

Não cheguei a desmaiar, mas tinha perdido a visão. Desorientado, não sabia o que fazer, não imaginava aonde ir, nem sabia o que estava acontecendo ao redor.

Não conhecia muito bem a casa, fui tateando e me guiando pelas paredes, até alcançar a parte externa. Sabia que havia uma piscina ali e para evitar uma possível queda, fui andando devagar, tocando o chão com a mão, até encontrá-la. Próximo da borda, me abaixei e lavei o rosto, mesmo sem saber o que fazia. Nesse momento, amigos que tinham escutado a explosão vieram em nosso socorro.

Eu estava muito assustado, e cego, não pude ver a reação dos amigos ao nos encontrarem. Seguramente, ficaram chocados. Duas vizinhas surgiram e disseram que nos levariam ao hospital. Uma delas me guiou até o carro e a outra levou o meu amigo.

Chegamos. Eu conhecia os médicos e demais colaboradores do hospital, mas nenhum deles me reconheceu de imediato e, quando reconheceram, se assustaram.

Meus pais estavam na festa junina do colégio. Um dos mais difíceis momentos foi ouvir a voz deles. E desde esse fatídico dia até hoje, encontrei neles o apoio para enfrentar cada etapa.

Algum tempo depois, meu pai contou que viu quando um carro chegou buzinando e se aproximando do hospital, porém não entendeu o que estava acontecendo e achou que o carro não conseguiria parar. Quando reconheceu a motorista, ela lhe pediu que viesse rápido, contou sobre a bomba e disse que eu estava mal.

Comecei a sentir uma forte ardência no rosto, provavelmente provocada pela água com cloro da piscina em contato com os ferimentos. Lembro que a mãe abanava o meu rosto.

A cirurgia durou cerca de quatro horas, com médicos de diferentes especializações. No meu caso, a área mais atingida foi o rosto, com graves ferimentos nos olhos, nariz e depois, descobriríamos, ouvidos.

Depois de tudo, o oftalmologista me diria que precisou realizar o trabalho muito calmamente. A cada ponto que dava, uma alteração em meu organismo exigia estabilização antes que se prosseguisse.

O meu amigo sofreu ferimentos graves nas mãos e na região do tórax.

A partir daquele sábado, a minha vida, a do meu amigo e as de nossas famílias nunca seriam as mesmas. Toda a situação era recente, e ninguém poderia afirmar se sobreviveríamos e quais sequelas enfrentaríamos.

Quando deixei a UTI e fui para o quarto, mais de quarenta amigos estavam lá, número muito acima do protocolo de visitas, que foi ignorado, por gentileza do hospital. A sensação de tantos amigos por perto era maravilhosa.

Tempos depois, o médico avaliou a situação. No olho esquerdo, só a percepção de luz. No direito, eu não enxergava nada.

— Vocês preferem contar ou eu dou a notícia? – perguntou aos meus pais, que preferiram deixar a notícia para o profissional.

— Gabriel, infelizmente, no olho direito nada se pode fazer. Farei o meu melhor para você voltar a enxergar com o outro olho.

Fiquei muito triste e a primeira reação foi chorar. Com o passar do tempo, fui me acalmando. Minha tia, médica, na ânsia de ajudar, também fez de tudo para me motivar e chegou até a dizer que eu talvez pudesse dirigir, um dia, se tudo corresse bem.

Deitado no leito, minha mãe entrou no quarto, sentou-se na cama e disse que tinha uma notícia.

— O seu amigo sofreu uma segunda parada cardiorrespiratória e não resistiu.

Foi o momento mais triste e difícil de suportar após o acidente.

Nunca me senti culpado pelo acidente e não culpo ninguém pelo que ocorreu. Nós todos erramos, foi algo que poderia ter sido evitado. Nossas famílias sempre tiveram a mesma opinião.

Os dias foram passando. Vários amigos e amigas vieram até minha casa, tristes pela perda de um amigo e apoiando ao outro que sobreviveu.

A presença constante deles ajudou a passar o tempo, trouxe mais ânimo para a recuperação e não existem palavras para agradecer a ajuda recebida.

Foram diversos ferimentos e mais de 200 pontos pelo corpo, da cabeça até a virilha.

A Copa do Mundo, disputada na França, trouxe algum alento. Escutava os jogos como uma maneira de ver o tempo passar. Como estava tomando muitos remédios e aplicando colírios, uns a cada seis horas e outros a cada quatro, não havia como conciliar os horários. Era necessário acordar várias vezes durante a noite e eu não saberia dizer quantas noites minha mãe ficou totalmente insone, cuidando para que eu dormisse de bruços e não perdesse nenhum horário de comprimido ou colírio. Ela montou uma tabela com os horários, para facilitar o controle, e colocava o despertador para cada remédio.

Sempre acreditei muito na recuperação. Sabia que não voltaria a enxergar com o olho direito, mas ainda tinha o esquerdo para tentar.

Horas depois da nova intervenção que ambicionava a tentativa de recobrar a visão do olho esquerdo, soube que o cirurgião removera diversos fragmentos do cano de PVC, sendo o maior deles do tamanho de um grão de arroz.

Com a alta dosagem de corticoide, os efeitos colaterais começaram a aparecer. Sono desregulado, fome, rosto inchado, alterações de humor. Ainda assim, a recuperação ia bem. Passados 45 dias do acidente, enfrentara três grandes intervenções cirúrgicas e percorrera mais de três mil quilômetros, com seguidas idas e vindas à Curitiba, para consultas de acompanhamento com o oftalmologista.

Depois da cirurgia definitiva, tive a primeira percepção de que a visão estava retornando. Sentado, usava calça jeans e coloquei a mão próxima ao joelho. Com o contraste entre a cor da pele do braço e o tecido, percebi o movimento dos dedos.

Enxergava outra vez, após dois meses na escuridão. O médico receitou óculos com 11 graus no olho esquerdo, e lente de balanço no olho direito para fins de estética e contrapeso.

Foi um marco na recuperação, porém o caso continuava delicado e exigia cuidados.

Alguns dias se passaram e fui até a ótica buscar os óculos aviados. Quando experimentei, a sensação foi incrível. Da escuridão total, dos vultos, agora enxergava, mesmo com muita limitação.

Em agosto de 2015, chegou o dia que dispensa a narrativa detalhada, pois a obra não é um drama. Tive a notícia da regressão deste único olho que ainda enxergava.

A escuridão total transitou entre uma probabilidade do passado, um fantasma do presente e, ali, mostrava-se como marca permanente. Essa treva venceu a batalha definitiva que envolveu esforço pessoal, dedicação da família e dos amigos, comoção social, empenho e carinho dos médicos. Por outro ponto de vista, não venceu a última arma que eu tinha: um novo olhar para a vida.

Ninguém escolhe ou deseja ter um filho deficiente. Meus pais e os demais familiares aprenderam a conviver com a deficiência a que fui submetido. Nunca, entretanto, me trataram como "coitado" e jamais foram super-protetores. Permitiram que eu encarasse a nova vida e enfrentasse tudo que viria, o que vale como lição final a partilhar.

A pessoa com deficiência merece desenvolver um novo olhar para a vida, mas se a sua família agir com piedade, os olhos buscarão a misericórdia dos outros em vez do sucesso íntimo, o compadecimento alheio em vez da luta.

Desejo que você se mantenha de olhos bem abertos para a própria existência, que jamais abra espaço à cegueira emocional, vilã que todo dia tenta vendar os olhos de alguém. E que você consiga, o mais cedo possível, encontrar o seu novo olhar para a vida, assim como eu, cego, encontrei o meu.

O novo olhar para o passado deve ser a ponte memorialista do bom viver, que conecta ao novo olhar para o futuro. Entre ambos, destacam-se os passos do presente que podem, conforme a decisão adotada, imobilizar ou acelerar.

Eu fico com a segunda alternativa...

Espero ter a chance de conversar contigo e discutir as abordagens da obra. Mais uma vez, vou deixar o meu endereço digital.

Envie-me e-mail, comente sobre as reflexões que o conteúdo gerou, discorde de algo, acrescente, compartilhe. Juntos podemos crescer e adotar um novo olhar para a vida, com a rapidez, a qualidade e a amplitude que merecemos.

contato@gabrielmetzler.com

Impressão e acabamento
Rotermund
Fone (51) 3589 5111
comercial@rotermund.com.br